I0005101

Sommario

HTML & CSS

HTML e CSS sono i linguaggi più usati in assoluto per la creazione di applicazioni Web interattive e solide. Ogni sito che visiti ogni giorno utilizza queste due tecnologie perché sono le più consolidate e le più evolute dato che HTML è nato nel 1993 e CSS nel 1996.

Ci consentono di sviluppare semplicemente un sito Web, lo rendono facile da costruire, manutenere e modificare. Probabilmente avrai letto che HTML non è un vero e proprio linguaggio di programmazione, così come non lo è CSS, ma sono linguaggi di markup anche detti descrittivi. HTML ha l'obiettivo di descrivere la struttura di un sito mentre CSS ha l'obiettivo di descriverne lo stile.

Useremo un approccio che può sembrare strano ma secondo me è il più efficace: combinare l'uso di HTML e CSS in modo da rendere l'apprendimento più rapido e meno noioso dato che possiamo imparare subito come costruire la struttura del sito e applicargli alcuni tocchi di stile. Scopriremo cosa si intende per HTML5 e CSS3 e quali sono le novità che hanno introdotto. Se stai cercando di diventare un web designer, uno sviluppatore per il web o semplicemente vuoi imparare HTML e CSS questo è libro adatto per te.

A chi si rivolge il libro

Vista l'importanza delle pagine Web, la continua ed inarrestabile progressione verso il digitale, la possibilità di usare il Web per rendere più semplice la vita, si prevede un aumento significativo delle professioni legate a questo mondo. In particolare, sviluppatori e web designer troveranno lavoro più facilmente data la continua domanda da parte del mercato. Questo libro si rivolge a tutti coloro che vogliono iniziare una carriera di questo tipo, che vogliono costruire siti Web professionali ma anche a chi semplicemente non ha conoscenze di base e vuole costruire da sé il proprio sito Internet senza affidarsi ad uno specialista.

Entrambe le categorie troveranno le conoscenze fondamentali per la costruzione di una pagina Web interattiva, gradevole e forniremo consigli utili per velocizzare l'apprendimento e la produttività.

Dov'è il codice?

I file HTML hanno di solito estensione .*html* o .*htm* e verranno utilizzati font e colori in modo da esaltare le parole chiave. Di seguito mostriamo come si presenta una pagina Web:

```html
<!DOCTYPE html>
<html>
<head>
    <title>Titolo della pagina</title>
</head>
<body>
    <h1>Titolo</h1>
    <p>Paragrafo</p>
</body>
</html>
```

Per quanto concerne i file di CSS hanno estensione .*css* e rappresentano un insieme di regole di stile e verranno rappresentati in questo modo:

```css
/* Definisco gli stili per la pagina */
body {
  background-color: lightblue;
}

h1 {
  color: white;
  text-align: center;
}

p {
  font-family: verdana;
  font-size: 20px;
}

/* Uso direttiva @-rules */
@media print {
    h1 {
        color: yellow;
    }
}
```

Requisiti

Non ci sono requisiti minimi di sistema per creare pagine Web con HTML e CSS, è sufficiente un PC con un browser Web ed un editor di testo. Non ci sono limiti su sistemi operativi, browser, né su quale editor usare. Tuttavia per testare alcune funzionalità presenti in HTML5 ti consigliamo di scaricare l'ultima versione di Google Chrome o Mozilla Firefox (entrambe gratuite) oppure usare un browser successivo ad Internet Explorer 9.

Strumenti da usare

Come abbiamo anticipato nei requisiti gli strumenti principali per la realizzazione di pagine Web sono un editor di testo ed un browser. Potremmo usare semplicemente blocco note e Internet Explorer come browser per gli utenti Windows ma vi fornirò dei consigli che posso facilitare la progettazione delle interfacce utente.

Editor

Tra la molteplicità di editor di testo ci sono alcune soluzioni gratuite e specifiche solo per Windows come Notepad++ ma personalmente vi consiglio di usare software multipiattaforma ovvero disponibili su Windows, Linux e Mac. Vi consiglio in particolare Atom e Sublime Text che, come tanti altri, mettono a disposizione delle funzioni molto utili.

Le funzionalità più usate ed utili sono l'auto-completamento che consente la chiusura automatica dei tag, l'evidenziatore della sintassi in modo che ogni tag assuma un colore specifico e sia facile da riconoscere. Un'altra funzionalità interessante consiste nel poter scaricare dei plugin forniti dalla community che consentono di aumentare la produttività dell'utente, come ad esempio trovare le differenze tra due file.

Browser

Il programma che interpreta le pagine HTML è proprio il browser che usiamo giornalmente. Il browser si occupa di caricare la pagina creata e successivamente visualizzarla. Per effettuare il caricamento della pagina è opportuno che questa sia prima scaricata quindi se si tratta di un sito web o se la nostra pagina si trova in un server questa viene dapprima scaricata, poi interpretata ed infine visualizzata.

Questo implica che una pagina di dimensioni molto grandi impiega più tempo per essere visualizzata soprattutto su dispositivi lenti. Alla luce di ciò bisogna stare attenti a non sovraccaricare troppo il sistema con pagine enormi ma cercare di modularizzare il più possibile in modo che anche i dispositivi più lenti possano visualizzare la pagina in tempi ragionevoli.

Tutti i browser mettono a disposizione un insieme di strumenti accessibile di solito tramite il tasto F12 della tastiera e che consente, tra le altre cose, l'esplorazione e la modifica della pagina e degli stili associati. Di solito è possibile anche avere un'anteprima della pagina in modalità mobile, selezionando addirittura il dispositivo su cui visualizzare la pagina (tipo tablet, iPhone ecc).

Ad ogni modo consiglio sempre di effettuare dei test della propria pagina con i tre browser principali ovvero Google Chrome, Mozilla Firefox e Internet Explorer (o Edge) soprattutto se la vostra pagina ha un ampio bacino d'utenza. Esistono anche altri browser in circolazione come Safari che è installato di default sui Mac e Opera che è meno usato rispetto ai precedenti ma comunque molto valido ed attento agli utenti.

Detto ciò seleziona il tuo browser ed entriamo nel vivo del libro!

Le basi

Come per ogni palazzo è necessario partire dalle basi per poter costruire una conoscenza solida e senza lacune. Capire la struttura di un file HTML e CSS è fondamentale per poter costruire la nostra pagina Web e per poter costruire delle regole di stile efficaci ed evitare la ridondanza. Adesso capiremo come sono strutturati i file HTML e CSS, cos'è un tag, cosa sono le regole CSS e le proprietà.

HTML

HTML è il linguaggio di base per creare pagine Web e il suo acronimo sta per *Hyper Text Markup Language* e sostanzialmente descrive i blocchi che costruiscono la nostra pagina. Possiamo immaginare una pagina Web come un giornale infatti è composta da alcune sezioni come titolo, sottotitolo, paragrafo, piè di pagina che ricordano un giornale (ricordiamo che il linguaggio è nato nel 1993). Queste sezioni sono delimitate da *tag* che ne indicano l'inizio e la fine e servono ai browser per visualizzare i contenuti.

Ogni pagina è composta da una sezione denominata *head* che contiene le informazioni non visibili della pagina ed una sezione denominata *body* che conterrà tutti gli elementi visibili ovvero la struttura della pagina, il testo, le immagini ecc.

Analizziamo una semplice pagina HTML in modo da vedere cosa contiene:

```
<!DOCTYPE html>
<html>
<head>
    <title>Titolo della pagina</title>
</head>
<body>
    <h1>Titolo</h1>
    <p>Paragrafo</p>
</body>
</html>
```

I tag sono delimitati da parentesi angolari e ad ogni tag di apertura <> deve corrispondere un tag di chiusura </>.

Il primo tag *<!DOCTYPE html>* indica che stiamo usando la sintassi per HTML5 che vedremo in seguito mentre il tag *<html>* serve per definire un nodo radice della pagina. Dobbiamo immaginare una pagina HTML come un albero la cui radice è il nodo *<html>* a cui aggiungiamo dei figli, in particolare avrà il figlio *head* e il figlio *body* di cui abbiamo già parlato. Il primo contiene soltanto un tag che rappresenta il titolo della pagina ovvero quello che viene mostrato dal browser, il secondo contiene e mostra due elementi di tipo testuale. Il tag *<h1>* mostra una grande intestazione ovvero un titolo molto grande mentre il tag *<p>* mostra un paragrafo che per definizione ha dimensioni più ridotte ma che con il CSS può assumere forma e dimensioni che vogliamo.

Per creare un file HTML è necessario creare un file di testo e successivamente rinominarlo con estensione *.html*, aprire poi il file con un editor di testo oppure puoi creare un file nell'editor e successivamente salvarlo come file HTML. Dopo aver fatto ciò è necessario aprire la pagina appena creata tramite un doppio click sull'icona del file. Di solito il sistema operativo identifica i file HTML e mostra l'icona del browser predefinito per l'apertura del file.

CSS

La storia di CSS è sostanzialmente parallela a quella di HTML e, di fatto, lo completa infatti CSS ha lo scopo di arricchire l'aspetto della struttura e della pagina Web concentrandosi quindi su un aspetto fondamentale nello sviluppo dei software: separare il livello strutturale da quello di presentazione.

CSS è l'acronimo di *Cascade Style Sheets* ovvero fogli di stile a cascata e in ogni file troviamo delle regole con cui è possibile intervenire sullo stile del testo, sulla posizione degli elementi grafici così come creare nuovi layout in modo che possano essere visualizzati allo stesso modo da tutti i browser.

Creiamo un file con estensione *.css* in modo analogo a quanto fatto per HTML e inseriamo alcune regole:

```css
/* Definisco gli stili per la pagina */
body {
    background-color: lightblue;
}

h1 {
    color: white;
    text-align: center;
}

p {
    font-family: verdana;
    font-size: 20px;
}

/* Uso direttiva */
@media print {
    h1 {
        color: yellow;
    }
}
```

In questo breve esempio di codice CSS abbiamo inserito tre tipi diversi di dichiarazioni ovvero regole, commenti e direttive. La prima riga indica un commento che è racchiuso tra i segni /* e */, i commenti non vengono elaborati dal browser e sono utili solo al programmatore che andrà a leggere o rileggere il codice. Le regole, invece, sono composte da selettore e blocco delle dichiarazioni dove il selettore definisce a quali

15

elementi verrà applicata la regola mentre il blocco di dichiarazioni è composto da proprietà e valore. Nella seconda riga abbiamo *body* come selettore ovvero andremo ad applicare questa regola a tutti gli elementi con tag *body* e la regola è formata dal valore *lightblue* della proprietà *background-color*.

La proprietà definisce un aspetto dell'elemento da modificare, in questo caso il colore dello sfondo, in base al valore che segue la proprietà dopo i due punti. Ogni dichiarazione deve terminare con un punto e virgola in modo da poterla distinguere dalle precedenti o successive. L'uso del punto e virgola non è obbligatorio ma è fortemente raccomandato per evitare comportamenti indesiderati dovuti ad una errata interpretazione.

Il terzo tipo di dichiarazione sono le direttive che sono distinguibili dal simbolo chiocciola @ che precede il nome della direttiva. Queste direttive sono molto usate nei CSS per applicare diverse regole di stile in base al tipo di dispositivo, per la stampa dei documenti e tanto altro. Approfondiremo questo argomento nel corso del libro.

Nel prossimo capitolo inizieremo a comporre delle pagine in HTML a partire dalla loro struttura per finire ai vari tipi di tag passando per la definizione di DOM.

Testo in HTML

Abbiamo detto che una pagina HTML è composta da tag ovvero da etichette che definiscono non tanto l'aspetto ma il contenuto della pagina anche perché l'aspetto è modificabile tramite CSS. Tutto questo contribuisce all'idea di pagina Web come un giornale ovvero un luogo dove le informazioni hanno una posizione precisa in modo da far risultare il tutto ordinato e ben definito.

Esistono diversi tipi di tag in HTML ma tutti partecipano alla creazione di un *albero*, un concetto frequente in informatica. Si crea un albero la cui radice è il nodo *<html>* composto solitamente da due figli *<head>* e *<body>*.

Riprendendo l'esempio precedente disegniamo l'albero che viene creato anche detto *DOM (Document Object Model):*

```
html
|
+---head
| |
| +---title
| |
| +---"Titolo della pagina"
|
+---body
|
+---h1
|
+---"Titolo"
|
p
|
+---"Paragrafo"
```

Attributi

Ogni tag può avere degli *attributi* che vengono usati principalmente per aggiungere informazioni all'elemento ad esempio per definire un identificativo univoco dell'elemento. Un attributo è formato da una coppia chiave - valore e il valore che rappresenta è racchiuso da apici o virgolette.

Il tag *input* ad esempio è spesso usato per l'acquisizione di dati da parte dell'utente ad esempio un nome di persona ed in questo caso abbiamo aggiunto alcuni attributi:

```
<input type="text" id="nomePersona" placeholder="Nome">
```

Avrai notato che questo tag contiene un attributo che ne identifica la tipologia, un identificativo per riconoscerlo facilmente e un *placeholder* che consente di specificare un messaggio per l'utente (in questo caso si tratta di *Nome* visualizzato all'interno della casella di testo).

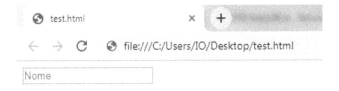

Eventi

Esistono anche diversi attributi utili per identificare un'azione dell'utente ad esempio possiamo intercettare il click dell'utente su un elemento ed invocare delle funzioni JavaScript. Possiamo anche intercettare eventi come lo scrolling del mouse, il cambio di valore di un elemento HTML o l'inserimento di una lettera da parte dell'utente.

Evento	Descrizione
onchange	Un elemento HTML viene modificato
onclick	L'utente clicca su un elemento
onmouseover	L'utente muove il mouse su un elemento HTML
onmouseout	L'utente allontana il mouse da un elemento HTML
onkeydown	L'utente inserisce una lettera dalla tastiera
onload	Il browser ha terminato il caricamento di una pagina

Di seguito riportiamo un esempio quando l'utente esegue un click sul tag relativo al paragrafo della nostra pagina:

```
<!DOCTYPE html>
<html>
<head>
    <title>Titolo della pagina</title>
</head>
<body>
    <h1>Titolo</h1>
    <p        onclick="alert('Hai        cliccato        sul
paragrafo');">Paragrafo</p>
</body>
</html>
```

Il risultato di questo codice quando l'utente clicca sul paragrafo è quello riportato dall'immagine seguente:

Avrai sicuramente notato che ho usato delle parentesi diverse all'interno della funzione *onclick* infatti HTML accetta solo codice ben formato ovvero se ad ogni parentesi aperta corrisponde una parentesi chiusa così come per virgolette e gli apici. La funzione JavaScript che deve essere eseguita al click sul paragrafo mostra all'interno del browser un messaggio specificato e il pulsante per confermare la lettura del messaggio. Questa funzione è spesso usata per fornire informazioni all'utente, come nel nostro caso.

20

Tag di testo

Per l'organizzazione dei testi è necessario individuare sezioni, articoli, titoli e paragrafi per ogni pagina soprattutto quando si vuole creare un sito Web non convenzionale. Esistono, infatti, degli studi riguardo l'interazione utente che dimostrano dove gli utenti si aspettino determinati elementi all'interno di un sito o di una pagina Web. Il menù, per esempio, deve essere situato in alto a sinistra piuttosto che a destra o al centro perché soprattutto nei paesi con scrittura destrorsa l'occhio tende a vedere maggiormente i contenuti a sinistra per una questione di abitudine.

E' bene tenere a mente questi accorgimenti durante la creazione delle nostre pagine Web, progettare una pagina in modo efficace fin dall'inizio evita la modifica di codice e l'introduzione di errori. Il testo in HTML può essere organizzato principalmente in titoli e paragrafi, si parte dai titoli più grandi ovvero *h1* fino agli *h6* che sono quelli più piccoli. Proprio come in un libro le macro-categorie saranno titoli *h1* mentre le sotto-categorie saranno titoli più piccoli quindi *h6*.

I paragrafi di solito sono utilizzati per contenere testi più estesi rispetto ai tag *h1...h6* pertanto risulta utile evidenziare delle parole in modo particolare attraverso l'uso del **grassetto**, del *corsivo* o <u>sottolineato</u>.

```
<!DOCTYPE html>
<html>
<head>
    <title>Titolo della pagina</title>
</head>
<body>
    <h1>Esalta testo</h1>
    <p>Questo è <strong>grassetto</strong>.</p>
    <p>Questo è <em>corsivo</em>.</p>
    <p>Questo è <u>sottolineato</u>.</p>
    <p>Questo è <em><strong>grassetto corsivo</strong></em>.</p>
</body>
</html>
```

Il risultato di questa pagina sono una serie di paragrafi dove abbiamo evidenziato il testo in modo da esaltare il significato di alcune parole.

Esalta testo

Questo è **grassetto**.

Questo è *corsivo*.

Questo è <u>sottolineato</u>.

Questo è ***grassetto corsivo***.

Nella creazione della nostra pagina potrebbe essere necessario organizzare il testo in un elenco puntato o un elenco ordinato. Per ottenere un elenco puntato useremo il tag *<ul>* acronimo di *unordered list* che è uno dei tag più usati dagli editori Web. La sintassi è molto semplice infatti all'interno del tag *<ul>* andremo a definire degli elementi tramite il tag *<li>* in modo da creare dei "pallini" accanto ad ogni elemento.

Per quanto concerne la creazione di un elenco ordinato la sintassi è identica ma il tag contenitore degli elementi non sarà *<ul>* ma *<ol>* acronimo di *ordered list*. In questo modo ogni elemento sarà affiancato da un numero progressivo a partire da 1.

Nell'esempio seguente abbiamo riadattato l'esempio precedente in modo da creare entrambi i tipi di elenchi, partendo da quello non ordinato:

```
<!DOCTYPE html>
<html>
<head>
    <title>Titolo della pagina</title>
</head>
<body>
    <h1>Elenco puntato</h1>
    <ul>
        <li><p>Questo è <strong>grassetto</strong>.</p></li>
        <li><p>Questo è <em>corsivo</em>.</p></li>
        <li><p>Questo è <u>sottolineato</u>.</p></li>
        <li><p>Questo      è      <em><strong>grassetto
corsivo</strong></em>.</p></li>
    </ul>

    <h1>Elenco ordinato</h1>
    <ol>
        <li><p>Questo è <strong>grassetto</strong>.</p></li>
        <li><p>Questo è <em>corsivo</em>.</p></li>
        <li><p>Questo è <u>sottolineato</u>.</p></li>
        <li><p>Questo      è      <em><strong>grassetto
corsivo</strong></em>.</p></li>
    </ol>
</body>
</html>
```

23

Il risultato è mostrato nell'immagine seguente:

Elenco puntato

- Questo è **grassetto**.
- Questo è *corsivo*.
- Questo è <u>sottolineato</u>.
- Questo è ***grassetto corsivo***.

Elenco ordinato

1. Questo è **grassetto**.
2. Questo è *corsivo*.
3. Questo è <u>sottolineato</u>.
4. Questo è ***grassetto corsivo***.

L'ultimo elemento riguardo l'organizzazione del testo in HTML sono le tabelle che sono state al centro di numerose dispute considerato l'uso smodato che ne è stato fatto negli anni. La guida ufficiale del W3C ovvero il consorzio per il *World Wide Web* definisce che le tabelle devono essere usate solo per rappresentare dati in forma tabellare e non per creare una struttura del testo.

Per esempio non si deve usare una tabella di tre colonne ed una riga per centrare il testo in una pagina, per fare questo ci sono altri metodi più appropriati.

```
<table>
    <caption>
        <p>Tabella dati</p>
    </caption>
    <thead>
        <tr><th>Colonna 1</th><th>Colonna 2</th></tr>
    </thead>
    <tfoot>
        <tr><td>Footer 1</td><td>Footer 2</td></tr>
    </tfoot>
    <tbody>
        <tr><td>Dato 1,1</td><td>Dato 1,2</td></tr>
        <tr><td>Dato 2,1</td><td>Dato 2,2</td></tr>
        <tr><td>Dato 3,1</td><td>Dato 3,2</td></tr>
    </tbody>
</table>
```

Le tabelle si definiscono tramite il tag *<table>* che è il contenitore di tutta la tabella all'interno del quale troviamo almeno una riga definita con il tag *<tr>* che conterrà una cella definita con il tag *<td>*.

In una tabella è anche possibile definire un'intestazione, il nome delle colonne ed infine una sezione riepilogativa anche detta *footer della tabella*.

Nell'esempio mostrato abbiamo usato il tag *<caption>* viene utilizzato per fornire delle didascalie e quindi contestualizzare il testo, il tag *<thead>* rappresenta l'intestazione della tabella mentre *<tfoot>* è di solito usato per i dati di sommario.

L'esempio precedente produce una tabella di questo tipo:

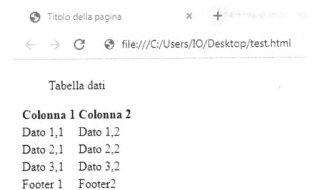

Avrai notato che si tratta di una tabella ma mancano i classici bordi che delimitano le celle pertanto dobbiamo aggiungere un tocco di CSS ovvero aggiungeremo delle regole di stile e le integreremo nel file HTML:

```
<!DOCTYPE html>
<html>
<head>
    <title>Titolo della pagina</title>
    <style>
        table {
            border-collapse:collapse
        }
        td, th {
            border:1px solid black;
            padding:8px;
        }
    </style>
</head>
<body>
    <table>
        <caption>
            <p>Tabella dati</p>
        </caption>
        <thead>
            <tr><th>Colonna 1</th><th>Colonna 2</th></tr>
        </thead>
        <tfoot>
            <tr><td>Footer 1</td><td>Footer 2</td></tr>
        </tfoot>
        <tbody>
            <tr><td>Dato 1,1</td><td>Dato 1,2</td></tr>
            <tr><td>Dato 2,1</td><td>Dato 2,2</td></tr>
```

```
    <tr><td>Dato 3,1</td><td>Dato 3,2</td></tr>
      </tbody>
    </table>
  </body>
</html>
```

Tramite le regole di stile CSS abbiamo selezionato tutti i tag *<table>* e abbiamo impostato una proprietà per cui le celle condividono i bordi piuttosto che separarli, per tutti i tag di tipo *<td>* e *<th>* abbiamo impostato oltre ad un bordo di 1 pixel con tratto continuo (*solid*) e di colore nero anche uno spazio tutto intorno di 8 pixel. Vedremo nel seguito del libro i vari modi di integrare HTML e CSS.

Abbiamo tracciato un'ampia panoramica riguardo l'organizzazione del testo in HTML e abbiamo accennato qualcosa sui CSS, nel prossimo capitolo esamineremo ciò che differenza un giornale da un sito Web, i contenuti multimediali e l'interattività.

.

Link

Internet ci ha consentito di sfogliare quotidiani in un nuovo modo infatti ogni sito Web è impostato come un giornale con degli schemi ben definiti. In un giornale non c'è la possibilità di poter usare collegamenti intesi come i link che clicchiamo ogni giorno, non ci possono essere audio o video all'apertura di una pagina ed è questo che ha reso grande ed utile il Web. In questo capitolo useremo e creeremo pagine Web dinamiche e con contenuti multimediali al fine di rendere piacevole l'esperienza utente e di impararne le potenzialità.

I link sono dei riferimenti ad un testo ovvero un ponte che consente di passare da un testo ad un altro oppure da un testo ad un'altra risorsa come un'immagine ad esempio. Tutti abbiamo fatto almeno una volta nella vita una ricerca su un motore di ricerca, esso restituisce dei link (o riferimenti) ad altri testi o risorse.

In HTML è possibile realizzare un link in modo davvero semplice:

```
<a href="http://www.miosito.it/">Vai al sito</a>
```

In questo modo verrà creato un link di cui la parte visibile all'utente è contenuta all'interno del tag infatti l'utente vedrà il testo *Clicca qui* mentre il riferimento, che in questo caso è esterno, è incluso nell'attributo *href*.

Con questo tipo di tag è possibile puntare anche ad altre pagine Web che sono presenti sul nostro PC, nell'esempio seguente faremo riferimento ad un sito esterno, ad una pagina allo stesso livello della pagina che stiamo modificando ed infine ad una pagina tramite percorso assoluto. Per evitare che il browser restituisca un errore di pagina non trovata accertiamoci di creare le pagine Web nel percorso corretto.

In particolare creiamo il file denominato *pagina2.html* allo stesso livello della pagina che conterrà i link ed una pagina HTML sotto il percorso *C:*. Il modo di creare le pagine è lo stesso utilizzato fino ad ora.

La nostra pagina che conterrà i link si chiama *pagina1.html* e sarà così definita:

```
<!DOCTYPE html>
<html>
<head>
    <title> Pagina 1</title>
</head>
<body>
    <h1>Benvenuto in pagina 1</h1>
    <a href="http://www.miosito.it/">Vai al sito</a>
    <a href="pagina2.html">Vai a pagina 2</a>
    <a href="/pagina3.html">Vai a pagina 3</a>
</body>
</html>
```

La nostra *pagina2.html* è definita come segue:

```
<!DOCTYPE html>
<html>
<head>
    <title>Pagina 2</title>
</head>
<body>
    <h1>Benvenuto in pagina 2</h1>
</body>
</html>
```

La pagina che si troverà al percorso *C:\pagina3.html* sarà definita così:

```
<!DOCTYPE html>
<html>
<head>
    <title>Pagina 3</title>
</head>
<body>
    <h1>Benvenuto in pagina 3</h1>
</body>
</html>
```

Come hai visto abbiamo già creato un po' di interattività tra le semplici pagine Web e l'utente, questa potrebbe essere la base per un sito, per un'applicazione Web o per tanto altro.

Per il nome dei file è bene darsi delle regole da rispettare in modo da non incappare in errori, è consigliabile sostituire gli spazi bianchi ad esempio con un trattino basso. Un altro consiglio è di usare solo caratteri minuscoli o solo maiuscoli dato che alcuni

29

sistemi operativi sono case-sensitive pertanto interpretano in modo diverso lettere maiuscole e minuscole.

Talvolta è utile creare un link che rimanda ad un elemento della nostra pagina per esempio vogliamo un link al titolo della pagina. Per realizzare ciò dobbiamo aggiungere l'attributo *name* al tag *<h1>* e usare il riferimento tramite *href*.

```
<h1 name="titolo"></h1>
.....
<a href="#titolo">Vai al titolo</a>
```

In questo modo è possibile tornare al titolo (che di solito è in cima alla pagina) tramite un semplice link.

Immagini

Un altro elemento molto importante per il Web sono le immagini che rendono più accattivante e gradevole alla vista una pagina Web, è possibile usarle attraverso il tag *<img>*. Si tratta di un tag senza contenuto ma con almeno due attributi: uno definisce dove si trova fisicamente l'immagine, l'altro definisce un testo da mostrare in caso l'immagine non venga visualizzata. Tale testo risulta particolarmente utile anche per gli ipo-vedenti e i non-vedenti così come per i motori di ricerca che non "vedono" le immagini come noi.

Possiamo includere un'immagine nella nostra pagina usando il suddetto tag:

```
<img src="benvenuto.jpg" alt="Immagine di benvenuto">
```

In questo caso stiamo includendo un'immagine di nome *benvenuto.jpg* che si trova allo stesso percorso della nostra *pagina1.html*, nel caso in cui non sia possibile visualizzarla verrà mostrato il messaggio *Immagine di benvenuto*. E' possibile includere immagini di tipo JPG, GIF o PNG.

Audio

Lo standard HTML ha subito diverse modifiche durante gli anni, la quinta revisione denominata HTML5 e rilasciato a fine 2014 ha portato una serie di novità interessanti per il campo della multimedialità.

In particolare sono stati introdotti i tag *<audio>* e *<video>* che consentono semplicemente di includere file audio e video e sfruttarne tutte le potenzialità. Il tag *<audio>* è composto da un attributo senza valore associato denominato *controls* utile per gestire la riproduzione dei file audio. Sarà possibile riprodurre, interrompere o mandare in avanti o indietro un file audio di diverso tipo come *.mp3* o *.ogg*.

Per includere un audio nella nostra pagina usiamo il seguente codice:

```
<audio controls>
  <source src="benvenuto.mp3" type="audio/mp3">
  <source src="benvenuto.ogg" type="audio/ogg">
  Il browser non supporta il tag audio
</audio>
```

In questo caso il browser tenterà il caricamento della risorsa *benvenuto.mp3* e se il caricamento non andasse a buon fine (file mancante per esempio), tenterà il caricamento della seconda risorsa e così via. Qualora nessun file sia stato caricato verrà mostrato un testo personalizzabile che indica il tipo di errore riscontrato.

Video

Come per il tag relativo all'inclusione di file audio, l'inclusione dei video con HTML5 è stata notevolmente semplificata. E' possibile definire un tag *<video>* e dichiararne l'altezza e la larghezza come attributi, anche in questo tag è presente l'attributo *controls* in modo da gestire la riproduzione del file video.

```
<video width="320" height="240" controls>
    <source src="presentazione.mp4" type="video/mp4">
</video>
```

In questo caso verrà caricata la risorsa *presentazione.mp4* che avrà un'altezza di 240 pixel e larghezza di 320 pixel. E' possibile aggiungere altri due attributi interessanti come *loop* che consente di far ripartire automaticamente il video quando termina e *autoplay* che consente al sito di forzare l'esecuzione automatica del video all'accesso alla pagina. Maggiori saranno le dimensioni del video maggior tempo sarà necessario per il caricamento della pagina.

Questo tag, come il precedente, consente di caricare diversi video in cascata ovvero si effettua il caricamento della prima risorsa definita all'interno del tag *<video>*, qualora ci fossero problemi con la risorsa si passa alla seconda, alla terza ecc. fino a quando è possibile mostrare un messaggio d'errore che descrive il problema riscontrato.

```
<video width="320" height="240" controls autoplay loop>
    <source src="presentazione.mp4" type="video/mp4">
    <source src="presentazione.ogg" type="video/ogg">
    Il browser non supporta il tag video
</video>
```

I formati supportati sono sostanzialmente tre per i video: mp4, webm e ogg mentre per i tag audio sono supportati mp3, wav e ogg. Non tutti i browser sono compatibili con questi formati infatti il formato da preferire per poter visualizzare un video su tutti i browser è mp4 mentre per gli audio è preferibile usare mp3.

Sino ad ora abbiamo imparato molto su HTML e visto poco CSS infatti è fondamentale imparare dapprima come costruire una struttura e poi come renderla piacevole all'occhio umano. La creazione della struttura tuttavia non è molto difficile e, come avrai visto, è davvero semplice unire gli elementi per creare una pagina Web. Aggiungere uno stile che sia coerente, unico e gradevole all'occhio umano non è un compito altrettanto semplice soprattutto in ambito professionale.

Nella prossima sezione andremo ad unire la struttura con lo stile in modo da sfruttare molte delle proprietà che il CSS mette a disposizione. Analizzeremo le proprietà e le regole principali per darti le basi e poter iniziare a lavorare sulla tua pagina Web con stile.

HTML e CSS

In uno degli esempi precedenti abbiamo visto come integrare le regole e classi di stile all'interno dei file HTML, in realtà esistono tre modi diversi di fare ciò che andiamo subito ad analizzare:

- Aggiungere CSS in linea
- Aggiungere CSS tramite tag *<style>*
- Fare riferimento ad un file CSS

Il primo metodo consiste nell'aggiungere le regole di stile direttamente sull'elemento HTML attraverso l'attributo *style*, per esempio potremmo cambiare il font di un elemento HTML in questo modo:

```
<p style="color: red">Un paragrafo rosso</p>
```

Il secondo modo metodo, invece, ha già un livello di astrazione più alto ed è denominato CSS interno. In questo modo si possono inserire delle regole di stile all'interno del tag *<style>* nella sezione *<head>* della pagina Web. Si tratta di un livello di astrazione più alto perché dobbiamo definire delle regole valide per tutti i tag ed evitiamo che, come nel caso di CSS in linea, si faccia riferimento ad un singolo elemento.

Questa tecnica l'abbiamo già adottata precedentemente e ne riportiamo l'esempio:

```html
<!DOCTYPE html>
<html>
<head>
    <title>Titolo della pagina</title>
    <style>
        table {
            border-collapse:collapse
        }
        td, th {
            border:1px solid black;
            padding:8px;
        }
    </style>
</head>
<body>
    <table>
        <caption>
            <p>Tabella dati</p>
        </caption>
        <thead>
            <tr><th>Colonna 1</th><th>Colonna 2</th></tr>
        </thead>
        <tfoot>
            <tr><td>Footer 1</td><td>Footer 2</td></tr>
        </tfoot>
        <tbody>
            <tr><td>Dato 1,1</td><td>Dato 1,2</td></tr>
            <tr><td>Dato 2,1</td><td>Dato 2,2</td></tr>
            <tr><td>Dato 3,1</td><td>Dato 3,2</td></tr>
        </tbody>
    </table>
</body>
</html>
```

Nei CSS è bene uniformare le regole e cercare di renderle generiche in modo che tutti gli elementi dello stesso tipo abbiano lo stesso stile creando coerenza. Immagina se in un sito il pulsante "Conferma ordine" sia rosso e il pulsante "Annulla ordine" sia verde, probabilmente questo stile sarebbe fuorviante dato che ti aspetteresti il contrario.

L'ultimo modo per includere regole di stile CSS all'interno di un file HTML è quello di includere un file CSS esterno. Questo file sarà unico e conterrà le stesse informazioni per tutte le pagine in modo da garantire la separazione tra livello di presentazione e livello strutturale.

A questo fine definiremo un file con estensione *.css* che chiameremo *style.css* che nel nostro caso conterrà:

```css
/* Definisco gli stili per la pagina */
body {
  background-color: lightblue;
}

h1 {
  color: white;
  text-align: center;
}

p {
  font-family: verdana;
  font-size: 20px;
}

/* Uso direttiva @-rules */
@media print {
    h1 {
        color: yellow;
    }
}
```

La nostra pagina HTML farà riferimento a questo file tramite il tag *<link>* all'interno della sezione *<head>:*

```html
<!DOCTYPE html>
<html>
<head>
    <link rel="stylesheet" href="styles.css">
    <title>Titolo della pagina</title>
</head>
<body>
    <h1>Titolo</h1>
    <p>Paragrafo</p>
</body>
</html>
```

E' fondamentale prestare attenzione al file CSS perché oltre a trovarsi nel percorso giusto <u>non deve</u> contenere al tag HTML al suo interno. Il tag *<link>* è specifico per l'inserimento di CSS e, come visto in precedenza, l'attributo *href* definisce un percorso nel quale trovare la risorsa, in questo caso un file CSS. Il file può essere una risorsa

35

esterna (riferimento ad un sito), può trovarsi in un'altra cartella rispetto alla pagina o può trovarsi allo stesso livello della pagina.

E' buona norma separare i file HTML dai file CSS infatti in molti siti troverete una cartella denominata *css* o *style* per indicare la raccolta delle regole di stile.

Per utilizzare al meglio i CSS è fondamentale conoscere tutti i tipi di selettori che mette a disposizione.

Come abbiamo visto nell'esempio i selettori consentono di selezionare gli elementi a cui vogliamo applicare lo stile :

Selettore	Esempio	Descrizione
.class	.note	Seleziona tutti gli elementi con classe note
#id	#codiceFiscale	Seleziona tutti gli elementi con id="codiceFiscale"
*	*	Seleziona tutti gli elementi
elemento HTML	p	Seleziona tutti i tag <p>
elemento, elemento	div, p	Seleziona tutti i tag <p> e tutti i <div>
elemento elemento	div p	Seleziona tutti i tag <p> dentro <div>
elemento elemento	div > p	Seleziona tutti i tag <p> che hanno <div> come padre
elemento elemento	div + p	Seleziona tutti i tag <p> che sono definiti subito dopo un tag <div>
elemento elemento	div ~ p	Seleziona tutti i tag <p> preceduti da un <div>
[attributo]	a[href]	Seleziona tutti i tag di tipo <a> che hanno un attributo href
[attributo=valore]	a[href="pagina2.html"]	Seleziona tutti i tag di tipo <a> con l'attributo href pari a pagina2.html
::after	p::after	Inserisci qualcosa dopo il contenuto del tag <p>
::before	p::before	Inserisci qualcosa prima del contenuto del tag <p>
:disabled	input:disabled	Seleziona tutti i tag di tipo <input> disabilitati
:focus	input:focus	Seleziona tutti i tag di tipo <input> che hanno il focus
:hover	input:hover	Seleziona tutti i tag di tipo <input> su cui è posizionato il mouse
:nth-child	p:nth-child(3)	Seleziona tutti i tag <p> che è il secondo figlio del padre
:visited	a:visited	Seleziona tutti i tag <a> su cui è stato fatto click

Questa tabella descrive alcuni dei selettori più usati in CSS pertanto è bene tenerli a mente per conoscerli quando necessario applicare stili più o meno complessi al nostro sito o applicazione Web. Entriamo nel vivo del CSS e vediamo alcune proprietà interessanti per cambiare e modificare lo sfondo, il testo, bordi, margini, tabelle e la posizione degli elementi.

Colori ed immagini

Iniziamo con il cambiare il colore dello sfondo di un tag o di un elemento ma prima di fare questo è doveroso approfondire il tema sui colori, in particolare su come è possibile usarli. In HTML è possibile usare i colori tramite un nome standard definito per alcuni colori come *black, red, orange, violet* ma anche *aqua, beige, coral* ecc. Un altro modo che è possibile usare riguarda i loro valori RGB, HEX, HSL così come i corrispettivi con il canale dedicato alla trasparenza quindi RGBA e HSLA.

Lo stesso colore può essere rappresentato con diversi modelli di colore e considerando il colore rosso elenchiamo la sua definizione nel modello RGB, HEX, HSL ed i corrispondenti RGBA e HSLA.

In RGB si misurano i valori di rosso, verde e blu presenti in un colore, per il colore rosso questa terna di numeri sarà (255, 0, 0) dove 0 rappresenta l'assenza dei colori verde e blu e 255 l'intensità massima del colore rosso.

Nel modello HEX o esadecimale il colore è rappresentato da una stringa che è il frutto della concatenazione dell'intensità del rosso, del verde e del blu. Se nel modello RGB i valori oscillavano tra 0 e 255 qui oscillano tra *00* e *ff* pertanto il colore rosso sarà definito come *#ff0000* ad indicare l'intensità maggiore di rosso e l'assenza di verde e blu.

Nel modello HSL si valuta il colore, la saturazione e la luminosità, il primo parametro varia da 0 a 360 e il valore 0 rappresenta il rosso. Per indicare il colore rosso standard e non una sua variante la terna sarà (0, 100%, 50%). La saturazione assume valori da 0 a 100 dove 0 indica sfumature di grigio e 100 indica il colore vivo, anche la luminosità assume gli stessi valori dove 0 indica il nero e 100 il bianco.

In RGBA e HSLA si aggiunge un quarto parametro che indica la trasparenza ed il suo valore varia da 0.0 cioè totalmente trasparente a 1.0 cioè totalmente opaco ovvero per niente trasparente.

Fatta questa premessa sui colori possiamo creare una pagina dove creiamo diversi paragrafi con sfondi diversi in modo diverso. Useremo il CSS in linea dato che si tratta di uso didattico.

```
<!DOCTYPE html>
<html>
<head>
    <title>Titolo della pagina</title>
</head>
<body>
    <p style="background-color:red">Paragrafo rosso</p>
    <p style="background-color:rgb(255,0,0)">Paragrafo    rosso
RGB</p>
    <p style="background-color:#ff0000">Paragrafo rosso HEX</p>
    <p style="background-color:hsl(0,100%,50%)">Paragrafo    rosso
HSL</p>
    <p style="background-color:rgb(255,0,0,0.5)">Paragrafo    rosso
RGBA</p>
    <p      style="background-color:hsl(0,100%,50%,0.5)">Paragrafo
rosso HSLA</p>
</body>
</html>
```

Nell'esempio abbiamo creato una pagina con lo stesso paragrafo rosso ma con modelli di colore diversi, gli unici due esempi diversi sono RGBA e HSLA che pur mostrando il colore rosso, l'effetto trasparenza al 50% rende il colore simile ad un rosa salmone come è possibile vedere dall'immagine seguente.

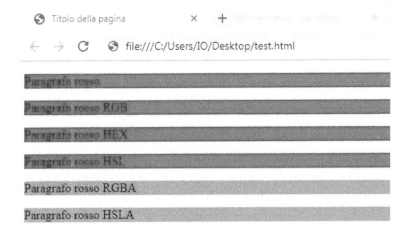

In questo esempio abbiamo mostrato come modificare lo sfondo di un elemento HTML, ma se vogliamo modificare lo sfondo di un intera sezione? Uno dei tag più utilizzati in HTML per la creazione di layout è senza dubbio il *<div>* che, nonostante l'aggiunta in HTML5 di tag più appropriati semanticamente, continua ad essere largamente usato al posto dei tag *<nav>, <header>, <section>, <aside>*. Un *<div>* può essere usato come contenitore di più elemento come in questo caso per creare uno sfondo uniforme:

```
<!DOCTYPE html>
<html>
<head>
    <title>Titolo della pagina</title>
</head>
<body>
    <div style="background-color:red">
        <p>Paragrafo rosso</p>
        <p>Paragrafo rosso RGB</p>
        <p>Paragrafo rosso HEX</p>
        <p>Paragrafo rosso HSL</p>
    </div>
</body>
</html>
```

Il risultato è rappresentato dall'immagine seguente:

Possiamo anche utilizzare un'immagine per lo sfondo di un elemento HTML infatti tramite la proprietà *background-image* possiamo inserire un'immagine come sfondo. La sintassi è molto semplice e consigliamo sempre di utilizzare delle immagini che non disturbino la lettura del testo.

Possiamo anche utilizzare altre proprietà come *background-repeat* che consentono di ripetere l'immagine in orizzontale tramite il valore *repeat-x* oppure in verticale tramite il valore *repeat-y*.

Ecco un esempio di codice HTML e CSS che include un'immagine:

```
<!DOCTYPE html>
<html>
<head>
    <style>
        body {
          background-image: url("immagine.png");
          background-repeat: repeat-x;
        }
    </style>
</head>
<body>

<h1>Benvenuto!</h1>
<p>Questa    pagina    contiene    un'immagine    ripetuta    in    modo
orizzontale!</p>

</body>
</html>
```

Il risultato di questo codice, dopo aver opportunamente salvato l'immagine è:

Il risultato potrebbe non soddisfarci con questa immagine pertanto possiamo impostare l'immagine come a tutto schermo e senza ripetizione:

```
<!DOCTYPE html>
<html>
<head>
    <style>
        body {
            background-image: url("immagine.png");
            background-repeat: no-repeat;
            background-size: cover;
        }
    </style>
</head>
<body>

<h1>Benvenuto!</h1>
<p>Questa pagina contiene un'immagine a pieno schermo!</p>

</body>
</html>
```

Il risultato adesso sembra essere molto più accattivante, ricorda che è molto importante la risoluzione dell'immagine con operazioni di questo tipo infatti immagini di dimensioni ridotte possono facilmente sgranarsi quando vengono ingrandite. Nel mio caso, infatti, l'immagine di dimensioni 500x332 pixel è stata ingrandita ma risulta sgranata sul mio monitor con risoluzione 1280x1024 pixel, certamente un'immagine adeguata non avrebbe portato ad un simile risultato ma implicherebbe di certo tempi di caricamento più elevati.

Adesso il nostro codice ingrandisce l'immagine di nome *immagine.png* e che si trova nella stessa cartella della pagina HTML generando questo:

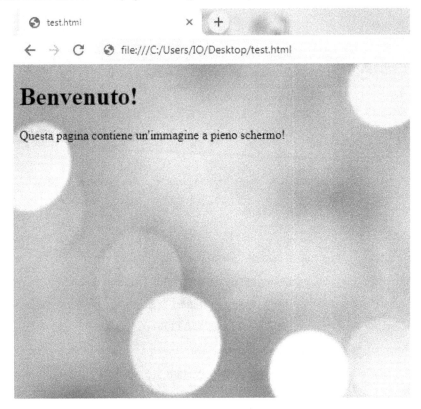

Bordi e margini

Vediamo ora come tracciare il contorno degli elementi HTML tramite la proprietà *border* che abbiamo visto in parte nell'esercizio con le tabelle. Per definire un bordo ci sono numerosi modi e proprietà correlate, il più semplice ed immediato è con la definizione in forma contratta:

```
<!DOCTYPE html>
<html>
<head>
    <style>
        p {
            border: 1px solid red;
        }
    </style>
</head>
<body>

<h1>Benvenuto!</h1>
<p>Questo paragrafo ha un bordo!</p>

</body>
</html>
```

Nella regola appena definita abbiamo dato uno spessore di 1 pixel al bordo, un tipo di linea continua ed il colore rosso. Lo spessore del bordo lo definiamo a nostro piacere e anche lo stile della linea così come il colore possono variare. In particolare abbiamo diversi stili di linea che nell'esempio successivo mostreremo usando il concetto di classe.

Una classe in HTML indica un attributo che specifica uno o più nomi di classi per un elemento HTML, nel nostro caso aggiungeremo una classe per ogni stile di bordo.

```
<!DOCTYPE html>
<html>
<head>
    <style>
        p.dotted {border-style: dotted;}
        p.dashed {border-style: dashed;}
        p.solid {border-style: solid;}
        p.double {border-style: double;}
        p.groove {border-style: groove;}
        p.ridge {border-style: ridge;}
        p.inset {border-style: inset;}
        p.outset {border-style: outset;}
        p.none {border-style: none;}
        p.hidden {border-style: hidden;}
        p.mix {border-style: dotted dashed solid double;}
    </style>
</head>
<body>
    <h2>Lo stile del bordo</h2>
    <p>Cambio il bordo con le classi CSS</p>

    <p class="dotted">Bordo tratteggiato</p>
    <p class="dashed">Bordo tratteggiato</p>
    <p class="solid">Bordo continuo</p>
    <p class="double">Bordo doppio</p>
    <p class="groove">Bordo 3D</p>
    <p class="ridge">Bordo 3D</p>
    <p class="inset">Bordo 3D</p>
    <p class="outset">Bordo 3D</p>
    <p class="none">Nessun bordo</p>
    <p class="hidden">Bordo nascosto</p>
    <p class="mix">Bordo misto</p>
</body>
</html>
```

Il risultato di questo codice sarà il seguente:

I bordi sono molto usati all'interno delle pagine Web per dividere contenuti, come abbiamo visto nelle tabelle, per separare sezioni distinte o semplicemente per indicare che sta iniziando un nuovo argomento.

Con le regole di stile CSS possiamo definire dei margini per creare uno spazio tutto intorno uno o più elementi. Possiamo definire un margine uguale per tutti i quattro lati oppure un valore diverso per ogni lato oppure un margine di 10 pixel in alto e in basso e di 5 pixel al lato destro e sinistro. Per fare ciò useremo la proprietà *margin* che viene usata come forma contratta di *margin-top, margin-bottom, margin-right, margin-left*. Impostando la proprietà *margin* a 10 pixel, verranno automaticamente impostate tutte queste proprietà con il valore 10 pixel.

```html
<!DOCTYPE html>
<html>
<head>
    <style>
        p {
            border: 1px solid black;
            background-color: yellow;
            margin: 10px;
        }
    </style>
</head>
<body>
    <h2>Uso del margine</h2>

    <p>Questo è un paragrafo</p>
</body>
</html>
```

Il risultato sarà quanto mostrato in figura:

Uso del margine

Questo è un paragrafo

Come puoi notare abbiamo inserito un bordo di 10 pixel pertanto il bordo sinistro e destro sono rientrati rispetto ai precedenti paragrafi ma esiste anche un bordo di 10 pixel in alto e in basso.

Le regole che seguono sono utili per definire rispettivamente:

- un margine in alto e in basso e un margine ai lati
- un margine in alto, uno per i lati e uno in basso
- un margine in alto, uno per il lato destro, uno per il margine in basso e uno per quello a sinistra

```
p { margin: 25px 50px; }
p { margin: 25px 50px 75px;}
p { margin: 25px 50px 75px 100px; }
```

Questa forma è equivalente all'uso delle proprietà *margin-top, margin-bottom, margin-right, margin-left* ma è più concisa e facile da ricordare, il mio trucco per ricordarlo è il verso dell'orologio a partire dalle ore 12 che coincide con il top ovvero il primo valore che la proprietà *margin* può assumere.

Sino ad ora abbiamo utilizzato sempre i pixel come unità di misura ma in realtà esistono anche altri valori che possono essere usati per le proprietà CSS come pixel abbreviato in px, punti abbreviato in pt, centimetri abbreviato in cm oppure è possibile usare delle percentuali tipo 10%, 50% ecc.

Posizionare gli elementi

Fino a non molto tempo fa le pagine erano concepite principalmente per i desktop e con l'avvento degli smartphone l'esperienza utente e i layout hanno necessitato delle modifiche. Esplorare una pagina desktop su un cellulare è abbastanza frustrante in quanto i contenuti non sono ottimizzati per lo schermo. Attualmente la situazione è migliorata e possiamo contare su siti responsive così come sulle AMP di Google per ottenere pagine veloci ma soprattutto pagine che si presentano bene senza dover fare zoom in e zoom out.

Il browser adatta in modo automatico le dimensioni della sua area di visualizzazione anche detto *viewport* per visualizzare al meglio la pagina. Per creare un sito responsive ovvero in modo che i suoi contenuti si adattino alla dimensione dello schermo dobbiamo inserire un particolare tag nella sezione *head* della nostra pagina:

```
<meta    name="viewport"    content="width=device-width,    initial-scale=1.0">
```

Questo tag in sostanza comunica al browser di usare come larghezza del contenuto della pagina la larghezza effettiva del dispositivo e con zoom pari a 1. Questo si tratta di un piccolo accorgimento che migliora di molto l'esperienza utente ma ricorda che per creare davvero dei contenuti fruibili anche da mobile e tablet bisogna progettare un'apposita interfaccia utente per poter adattare al meglio i contenuti. Adattare i contenuti talvolta vuol dire anche mostrare meno contenuti su uno smartphone rispetto ad un desktop.

E' fondamentale a questo punto introdurre il *box model* ovvero come colui che gestisce la presentazione degli elementi all'interno della pagina, in particolare ogni box comprende un numero di componenti di base. Partendo dall'esterno abbiamo i margini, i bordi, il padding e l'area del contenuto. Il margine serve per staccare un elemento da quelli adiacenti, il bordo è circondato dal margine, il padding indica uno spazio vuoto tra bordo e contenuto infine l'area del contenuto è lo spazio in cui si trova l'elemento qualunque esso sia, immagine, testo, video o altro.

50

Ora che siamo in grado di creare e stilizzare degli elementi o un gruppo di elementi vediamo quali posizioni possono assumere, in particolare esamineremo la proprietà *position* che può assumere i seguenti valori: *static, relative, fixed, absolute.*

Iniziamo con il valore di default infatti quando non viene esplicitata questa proprietà il suo valore è *static* ovvero gli elementi vengono posizionati seguendo il normale flusso della pagina. Tutti i *<div>* che abbiamo creato fino ad ora e gli altri elementi avevano implicitamente questa proprietà già impostata.

Un'altra possibilità è il valore *relative* che sostanzialmente viene usato per portare l'elemento nella sua posizione normale ma, a differenza di *static,* sono valide le regole *top, left, right* e *bottom* per spostare l'elemento in alto, a sinistra, destra o in basso. In questo modo gli altri elementi non si adatteranno per colmare gli spazi lasciati da questo elemento.

Di seguito proponiamo un esempio:

```html
<!DOCTYPE html>
<html>
<head>
    <style>
        div.relative {
          position: relative;
          left: 50px;
          border: 2px solid darkred;
        }
    </style>
</head>
<body>

<h2>Uso della proprietà position</h2>

<div class="relative">
    Questo elemento ha position: relative;
</div>

</body>
</html>
```

Il risultato sarà quello mostrato nell'immagine seguente:

Uso della proprietà position

Questo elemento ha position: relative;

Se vogliamo posizionare un elemento in modo relativo alla finestra del browser possiamo usare il valore *fixed*. Come per la proprietà precedente possiamo posizionare l'elemento tramite le proprietà *top, left,right, bottom*. La differenza consiste nel riadattare gli altri elementi. Nell'esempio seguente creeremo un piccolo *<div>* in alto a destra che invita l'utente ad aprire una chat.

```
<!DOCTYPE html>
<html>
<head>
    <style>
        div.fixed {
            position: fixed;
            top: 0;
            right: 0;
            width: 150px;
            margin: 20px;
            text-align: center;
            border: 2px solid darkred;
        }
    </style>
</head>
<body>

    <h2>Uso della proprietà position</h2>
    <p>Prova a ridimensionare la pagina</p>

    <div class="fixed">
        <a href="chat.html">Accedi alla chat</a>
    </div>

</body>
</html>
```

Il codice mostrato consente di creare un'interfaccia utente di questo tipo:

Provate a ridimensionare la pagina e noterete come la sezione per accedere alla chat resti sempre fissa in alto a destra. Nell'esempio avrai notato che il testo è stato centrato all'interno del box ed anche questo è frutto di una regola CSS: *text-align*. Questa proprietà può assumere il valore *left* (predefinito), *right* (per allineare a destra), *center* (per allineare il testo al centro), *justify* (per spaziare il contenuto in modo da adattarsi alla linea), *inherit* (per ereditare il valore della proprietà dal genitore).

L'ultimo tipo di posizione per la proprietà *position* è *absolute*, con questo valore l'elemento si sottrae al normale flusso del documento ed è posizionato tramite le proprietà *top, left, right, bottom*. Il posizionamento avviene sempre rispetto al box contenitore dell'elemento ovvero dal padre. E' consigliato impostare almeno la larghezza per i contenitori con questo tipo di valore. In questo caso le proprietà *top, left, right, bottom* si comportano non come coordinate ma come una distanza, come se fossero dei margini.

Di seguito riportiamo un esempio di questo valore:

```
<!DOCTYPE html>
<html>
<head>
    <style>
        div.relative {
            position: relative;
            width: 400px;
            height: 200px;
            border: 3px solid #73AD21;
        }

        div.absolute {
            position: absolute;
            top: 80px;
            right: 0;
            width: 200px;
            height: 100px;
            border: 3px solid #73AD21;
        }
    </style>
</head>
<body>

    <h2>Uso della proprietà position</h2>
    <p>Un elemento con position: absolute; è posizionato in modo
relativo al genitore più vicino.</p>

    <div class="relative">Questo div ha position: relative;
        <div class="absolute">Questo div ha position:
absolute;</div>
    </div>

</body>
</html>
```

Il risultato di questo esempio è riportato in figura:

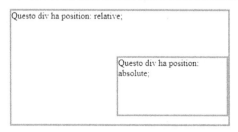

Grazie ad HTML5 c'è stata la definizione di nuovi tag e soprattutto la ridefinizione della struttura di una pagina al fine di dividerla in aree logiche distinte. Avrai probabilmente visitato dei blog su Internet, questo è il tipico caso in cui trovi delle pagine che necessitano di un markup ben strutturato e HTML5 ci aiuta in questo.

Nell'immagine seguente vediamo la struttura di un blog in HTML5 in modo da vedere quali sono le sezioni che la compongono e quali tag usare:

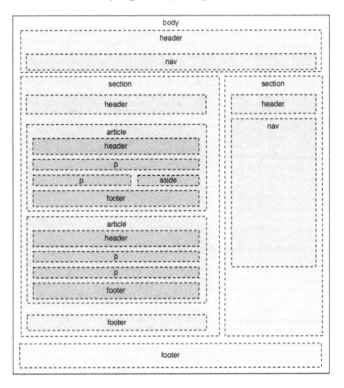

Il tag header è il primo tag della struttura e non bisogna confonderlo con i titoli che inseriamo nei tag *<h1>*, *<h2>*, *<h3>* ecc. Questo tag è solitamente usato per includere un menu all'interno del sito o comunque un modo di navigazione per questo include il tag *<nav>* che è di vitale importanza.

Come avrai già fatto in qualità di utente è difficile non navigare all'interno di un sito perché spesso non troviamo le informazioni che cerchiamo sulla homepage o siamo spinti dalla curiosità ad esplorare. Nel tag *<nav>* del sito possiamo includere una lista di link ad altre pagine in modo da creare un menu per la navigazione che potremo stilizzare tramite CSS. Il menu può anche essere integrato nel footer della pagina ovvero la parte posta più in basso infatti spesso troviamo una serie di collegamenti soprattutto nei siti istituzionali. Di seguito trovi il footer di una marca di abbigliamento sportivo che contiene dei menu per permettere all'utente di trovare ciò che cerca:

PRODOTTI	SPORT	COLLEZIONI	INFO SULL'AZIENDA	ASSISTENZA
Scarpe	Juventus	Yeezy		Aiuto
Abbigliamento	Real Madrid		Chi siamo	Consegna
Outlet	Pogba scarpe	ZX Flux	Lavora con noi	Resi e rimborsi
			Stampa	Tabelle taglie
Scarpe da trail running	Maglie Calcio	P.O.D System	Sconto Studenti	Trova un negozio
Scarpe da running	Giacche	Y-3		Mobile Apps
Scarpe customizzate	Bomber adidas	Tubular	MORE	Sitemap
Scarpe bianche	Cappotti e Parka			Procedure europee di
Scarpe da Calcetto	Giacche a Vento		Eyewear	risoluzione delle controversie
		Calendario Lanci	Attrezzatura Training	Imprint
			micoach	
			Carta Regalo	

Italy   Impostazioni cookie | Privacy Centre | Cookies | Informativa sulla privacy | Termini e Condizioni

Le parti principali della struttura sono senza dubbio rappresentate da *<article>* e *<section>* infatti rappresentano le aree logiche centrali del sito. Il tag *<article>* descrive il contenuto effettivo di una pagina come una notizia, un evento ecc mentre la *<section>* si riferisce alla parte logica con tutti i suoi contenuti correlati. Immagina la sezione dedicata allo sport del calcio in un giornale e agli articoli per ogni match disputato, la prima rappresenta il tag *<section>* mentre gli articoli il tag *<article>*.

Nelle sezioni *<aside>* e *<sidebar>* sono posti di solito contenuti extra come il link a dei documenti utili, la locandina di un evento, diagrammi o link correlati. In alcuni casi in questa sezione vengono posti dei collegamenti per i social network in modo da incrementare la popolarità del brand.

Form

Se hai in mente di progettare un sito Web che ha il compito di raccogliere dei dati dagli utenti devi saper creare un form cioè una serie di campi dedicati a collezionare e gestire dati inseriti dall'utente.

Vediamo come si compone un form:

```
<!DOCTYPE html>
<html>
<head>
</head>
<body>

    <h1>Inserisci i tuoi dati</h2>
    <form method="post" action="valida.php">

        <!-- CASELLE DI TESTO -->
        Nome<br>
        <input type="text" name="nome"><br>
        Cognome<br>
        <input type="text" name="cognome"><br>

        <!-- SELECTBOX -->
        Paese<br>
        <select name="paese">
            <option value="I">Italia</option>
            <option value="E">Estero</option>
        </select><br>

        <!-- RADIO -->
        Sesso<br>
        <input type="radio" name="sesso" value="M"> M<br>
        <input type="radio" name="sesso" value="F"> F<br>

        <!-- CHECKBOX -->
        Tipo di lavoro<br>
        <input     type="checkbox"     name="lavoro"     value="A">
Artigiano<br>
        <input     type="checkbox"     name="lavoro"     value="D">
Dirigente<br>
        <input     type="checkbox"     name="lavoro"     value="I">
Impiegato<br>
        <input type="checkbox" name="lavoro" value="O"> Operaio<br>

        <!-- TEXTAREA -->
        Commenti o domande<br>
        <textarea name="commenti" rows="5" cols="30"></textarea>
        <br><br>

        <!-- SUBMIT -->
        <input type="submit" name="invia" value="Invia i dati">
```

```
        </form>

    </body>
</html>
```

Questo form consente di raccogliere alcuni dati dal cliente e avrai notato che nelle prime righe si fa' riferimento a *valida.php* cioè questi dati verranno inviati ad un funzione scritta in linguaggio PHP che li validerà e li inserirà nel database ma questo non è oggetto di questo libro. Concentriamoci sulla struttura appena creata dal punto di vista dell'interfaccia utente.

In HTML5 sono stati aggiunti dei nuovi tipi di input utili a gestire diversi tipi di dati, ad esempio le date. Aggiungiamo il campo data di nascita al nostro form:

```
<label for="data_nascita">Data di nascita</label>
<input     type="date"     name="data_nascita"     id="data_nascita"
value="1980-12-11">
```

In questo modo verrà mostrato un piccolo calendario per selezionare la data di nascita e che avrà come data selezionata l'11 dicembre del 1980. Come puoi notare la sintassi è davvero chiara e semplice.

Vogliamo anche aggiungere il campo relativo all'email dell'utente, potremmo aggiungerlo come campo di tipo testuale ma possiamo fare di meglio. HTML5 ha creato un tipo relativo all'email infatti se da desktop può sembrare un semplice campo di testo in realtà la differenza è sui dispositivi mobile. Verrà mostrata infatti una tastiera dedicata all'inserimento delle mail e che mette subito a disposizione il simbolo della chiocciola e alcune estensioni come *.com*.

```
<label for="email">Email</label>
<input type="email" name="email" id="email">
```

Un altro campo interessante riguarda i colori infatti è possibile disporre di un classico *color-picker* che ti consente di selezionare un colore. Potresti decidere di far scegliere all'utente il colore dell'interfaccia e cambiare le tue regole di stile in base al colore scelto.

```
<label for="style_color">Colore interfaccia</label>
<input type="color" name="style_color" id="style_color">
```

Talvolta è utile fornire all'utente un suggerimento sul valore da inserire nel campo descritto, infatti, adesso chiederemo una password all'utente e vedremo come i caratteri digitati saranno oscurati e tramite l'attributo *placeholder* forniremo un suggerimento all'utente. In particolare vogliamo che la password fornita sia esattamente di 6 caratteri.

```
<label for="password">Password</label>
<input  id="password"  type="password"  name="password"  value=""
autocomplete="off" placeholder="6 caratteri" />
```

In questo caso abbiamo aggiunto anche un altro attributo che è *autocomplete*, tale attributo consente al browser di prevedere il valore in modo che vengano fornite delle opzioni al cliente per riempire il campo. Questo attributo funziona con il tipo testo, data, email ecc. pertanto se inserendo il campo nome può essere utile l'auto-completamento, sul campo password questa funzione deve essere necessariamente disabilitata.

E' possibile anche inserire un numero di telefono in modo intelligente così come per il campo email. Grazie a questo metodo verrà mostrata agli utenti che si collegano da mobile una tastiera che contiene esclusivamente numeri ed il carattere +. Nell'esempio che mostreremo a breve inseriamo anche ulteriori vincoli come il formato del numero e l'attributo *required* che marca come obbligatorio il campo del form.

Per il formato del numero l'attributo *pattern* valida il valore inserito secondo un'espressione regolare.

```
<label for="cel">Inserisci il tuo numero di cellulare:</label>
<input type="tel" id="cel" name="cel" pattern="[0-9]{3}-[0-9]{7}"
required>

<span class="note">Formato: 333-1234567</span>
```

Esistono anche altri attributi utili per i campi di input come: *maxlength* che indica il numero massimo di valori che è possibile inserire e *minlength* indica il numero minimo di valori che è possibile inserire.

Attualmente per la validazione dei campi di un form è molto usato JavaScript che è un linguaggio di programmazione abbastanza semplice ma che probabilmente non conosci ancora. La nostra speranza come sviluppatori Web è quella di creare uno standard sulla base del quale continuare a costruire ed innovare per rendere la vita più semplice agli sviluppatori ma sopratutto agli utenti, ancor più a coloro che hanno disabilità. Ricorda sempre che il sito che stai creando non verrà usato soltanto da te ma ci saranno moltissime altre persone che potrebbero usarlo, pensa ai siti più famosi di e-commerce.

Quando i browser supporteranno tutti le funzionalità per la convalida incorporata dei dati, seguendo uno standard comune, gli utenti avranno perfettamente la stessa *user experience* attraverso tutti i siti che visiteranno con messaggi chiari e coerenti uguali per tutti i form.

Credo che non ci siano ancora abbastanza sforzi da parte dei browser di creare uno standard comune forse perché in questo modo si potrebbe ridurre di molto la competizione tra di loro. Ne è una testimonianza il fatto che per alcuni selettori sono necessarie diverse definizioni per ogni browser, per Chrome, Android iOS e Safari esiste

61

il prefisso -*webkit*-, per Mozilla Firefox esiste -*moz*-, per Internet Explorer -*ms*- ed infine per Opera esiste -*o*-.

Nella seguente classe CSS mostriamo come si dovrebbe implementare un semplice bordo per tenere in considerazione tutti i browser:

```
.classe {
    -moz-border-radius: 2em;
    -ms-border-radius: 2em;
    -o-border-radius: 2em;
    -webkit-border-radius: 2em;
    border-radius: 2em;
}
```

Conclusioni

In questo lungo viaggio abbiamo imparato molto su HTML e CSS, abbiamo visto da dove nascono, cosa sono diventati e i vari modi per costruire un'interfaccia utente. Quello che può sembrare un compito semplice in realtà non lo è infatti dietro ogni sito progettato bene c'è il lavoro di molte persone, grafici, sviluppatori Web e tanti altri.

HTML5 ha portato grandi innovazioni come abbiamo potuto vedere per la gestione di audio e video e punta a migliorare la semantica dei siti Web, migliorare l'interfaccia utente così come l'accessibilità al fine di creare applicazioni Web migliori. In tutto questo però ci sono ancora degli ostacoli da superare come l'uso di vecchie versioni di Internet Explorer che non supportano tutte le funzionalità offerte da HTML5 e CSS3 così come rappresenta un ostacolo l'uso di molti tag deprecati.

La sfida principale è per gli sviluppatori dei browser, oltre che devono fornire supporto e creare le condizioni adatte per la continua evoluzione verso questi standard. Gli sviluppatori, invece, devono progettare nuove interfacce sfruttando le nuove tecnologie in modo da fornire un prodotto migliore all'utente in modo che possa essere fruito nel migliore dei modi.

HTML5 continua a lavorare sul campo della multimedialità per supportare nuovi formati audio e video, sulle animazioni ma si tratta comunque di un prodotto molto maturo che, a meno di funzionalità molto importanti, mette già a disposizione tutto il necessario per creare siti e applicazioni Web di qualità.

Ci auguriamo che tu possa aver imparato ad utilizzare HTML e CSS grazie a questo libro, ti ricordo che il miglior modo per diventare un bravo sviluppatore Web è quello di esercitarsi tanto, solo così potrai stimolare la tua curiosità ed imparare nuovi tag HTML e nuove proprietà CSS che ti saranno certamente utili. Fissa un obiettivo, ad esempio la realizzazione di un sito Web personale, in modo da restare allenato e sfruttare ciò che hai imparato.

JavaScript

Tutti siamo d'accordo sul fatto che i PC offrono un enorme vantaggio all'uomo e principalmente in termini di tempo e affidabilità. Tutti siamo in grado di calcolare 15x2,07x35, personalmente ci impiego qualche minuto con carta e penna ma un PC ci impiega pochi millisecondi.

Ovviamente abbiamo bisogno di comunicare al computer e pertanto è necessario un linguaggio di programmazione che può essere ad alto livello o a basso livello. Per basso livello si intende un linguaggio più vicino a quello macchina quindi pensiamo ad *Assembly*, per alto livello si intende un linguaggio più astratto e vicino all'uomo come JavaScript.

Ti potrà sembrare tutto nuovo soprattutto se sei nuovo nell'ambito della programmazione ma sappi che JavaScript esiste dal 1995 pertanto possiamo parlare di un linguaggio maturo e molto diffuso.

Imparerai a creare parti di codice funzionante e ti insegnerò a capire come individuare gli errori facendo il debug riga per riga.

JavaScript oggi viene usato per la logica di presentazione all'interno di pagine *HTML* o *JSP* pertanto è molto diffuso sia lato client ma anche lato server soprattutto negli ultimi anni con i vari framework come *Node.js*. Su questo linguaggio di programmazione, infatti, si sono sviluppati molti framework come *Angular*, *React*, *Vue.js*, *Node.js*, *Backbone.js* e tanti altri.

A chi si rivolge il libro

Questo libro si rivolge a studenti, webmaster o semplicemente a persone curiose di conoscere e approfondire questo linguaggio di programmazione. E' gradita la conoscenza, seppur minima, di come funziona una pagina Web, cos'è l'*HTML* e il *CSS* in modo da capire come si integra JavaScript.

In questo e-book partiremo dalle basi senza dare nulla per scontato ma prediligiamo una finalità pratica piuttosto che tanta teoria. Svolgeremo alcuni esercizi che ti daranno modo di comprendere meglio il linguaggio e la sua struttura.

Dov'è il codice?

I riferimenti al codice verranno evidenziati con un font `monospaziato` e colori diversi in modo da evidenziare le parole chiavi di JavaScript. Le porzioni di codice saranno auto-consistenti o faranno riferimenti a programmi già spiegati in capitoli o paragrafi precedenti.

I programmi si presenteranno nella seguente forma:

```javascript
function fattoriale(n) {
    if (n == 0) {
        return 1;
    } else {
        return fattoriale(n - 1) * n;
    }
}
```

Tramite l'uso di un commento seguito da una freccia mostreremo l'output di una funzione o del codice proposto come segue:

```javascript
console.log(fattoriale(10));
// -> 3628800
```

Requisiti

JavaScript è uno dei linguaggi di programmazione che tutti gli sviluppatori Web dovrebbero conoscere perchè insieme ad *HTML* e *CSS* racchiude gli elementi principali per una pagina o un'applicazione Web.

L'HTML si occupa del contenuto delle pagine create mentre il CSS si occupa del layout delle pagine create, tra questi si inserisce JavaScript che definisce il comportamento delle pagine.

Per questo motivo ribadisco che è gradita la conoscenza dei linguaggi di scripting citati al fine di avere maggiore sicurezza e prontezza nell'afferrare i concetti.

Non ci sono invece requisiti per il PC dato che ci sono ambienti disponibili anche online quindi anche un PC datato può andare bene per seguire questo e-book mentre se volete installare un IDE che fornisca auto-completamento e funzionalità avanzate vi suggerisco di avere almeno 4 GB di RAM liberi.

Per i curiosi suggerisco i seguenti IDE: Visual Studio Code, WebStorm e Atom.

Le basi

Quasi la totalità dei siti Web che visitiamo oggi utilizza Javascript o un framework da esso derivato, un effetto su un'immagine, un carosello di immagini, delle pop-up mostrate per informazioni aggiuntive o conferma di un'operazione. Tutto questo è frutto dell'uso di questo linguaggio e della sua integrazione con la struttura della pagina e il layout fornito dal CSS.

Javascript è un linguaggio compatto ma davvero flessibile e versatile. Si può iniziare da piccole porzioni di codice fino a creare giochi, applicazioni intere, grafiche 3D o addirittura database.

Cos'è JavaScript?

Javascript è lo strumento che consente ad ogni sviluppatore Web di esprimere al meglio la sua creatività in quanto permette la realizzazione di una interfaccia accattivante e interattiva.

Ricorda che sotto ogni finestrella per la chat e sotto ogni qualsiasi elemento in movimento all'interno di una pagina Web c'è un file Javascript.

Una classica architettura delle applicazioni Web presuppone l'utilizzo di almeno due macchine distinte: un *server* ed un *client*.

Quando Javascript viene usato lato client, di solito, viene eseguito su un browser che a sua volta lo interpreta ovvero decodifica quello che abbiamo scritto e lo mostra in una pagina del browser.

La pagina o il file contente il codice per il client viene fornito da un server Web che può anche non essere scritto in Javascript, sono comuni infatti server Web che utilizzano *ASP*, *Java* o altri linguaggi di programmazione.

Javascript è un linguaggio che non richiede la compilazione ovvero esiste un interprete anche detto *motore di scripting* che traduce le istruzioni in istruzioni comprensibili dal nostro elaboratore. L'assenza di un compilatore porta subito all'esecuzione del codice scritto rendendo talvolta più veloce il ciclo di vita fino all'esecuzione.

Il motore utilizzato da Javascript è integrato direttamente nel browser e questo consente di intercettare e gestire facilmente gli eventi del browser e poterci interagire. Pensiamo ad esempio alle caselle di input che diventano di colore rosso se inseriamo dati sbagliati oppure semplicemente al click per confermare un'azione.

Javascript è un linguaggio di programmazione orientato agli oggetti e agli eventi cioè tutto in questo linguaggio viene rappresentato come un oggetto, l'istanza di una classe unica e separata dalle altre. Questo modello di programmazione rende la realtà più facile da rappresentare in quanto possiamo definire un oggetto Macchina composto da 4 istanze della classe Ruota.

Inoltre una modellazione di questo tipo consente una migliore manutenzione dell'applicazione garantendo riusabilità e modularità delle classi create.

In questo paragrafo andiamo ad analizzare quali sono i punti di forza di Javascript e perchè preferirlo ad altre soluzioni.

Javascript consente un rapido sviluppo grazie ad una sintassi semplice e concisa e ad una curva di apprendimento bassa questo vuol dire che è semplice da usare.

Come discusso precedentemente Javascript è un linguaggio interpretato e molto veloce specialmente lato client, questo garantisce un'ottima interoperabilità perchè basta inserirlo in una pagina Web e siamo certi che funzionerà con qualsiasi browser e qualsiasi sistema operativo.

In questo modo avremo la certezza che l'interfaccia utente sarà uguale per tutti e potremo riempire alcune caselle di input in modo dinamico, ad esempio un elenco di comuni per una data provincia oppure, creare un avviso per campi errati o mancanti.

Infine lo scambio dei dati nella tua applicazione sarà davvero semplice in quanto potrai ricevere o inviare dati senza dover ricaricare la pagina ad ogni interazione. Interessante vero?

Riepilogando raggruppiamo i vantaggi principali:

- Velocità di esecuzione lato client
- Interattività con l'utente
- Compatibilità con tutti i browser
- Velocità di sviluppo
- Scambio dei dati

Svantaggi di JavaScript

Uno dei grandi svantaggi di Javascript, che purtroppo si ripercuote sulla sicurezza della pagina Web, è dato dalla possibilità di vedere il codice che il browser andrà ad eseguire. Questo incide negativamente in quanto non potremo salvare dati di accesso o credenziali all'interno dei nostri file *.js* (estensione dei file Javascript).

Un altro problema che puoi riscontrare sono gli errori o eccezioni lanciate dal browser.

Quando viene riscontrato un errore automaticamente è impossibile continuare la visualizzazione della pagina, in questo senso è fondamentale una buona gestione degli errori da parte del programmatore ed i browser stanno diventando più tolleranti nei confronti degli errori Javascript.

Infine essendo un linguaggio di scripting ha capacità limitate, per ragioni di sicurezza, per cui è necessario ricorrere ad altri linguaggi ad esempio Java (pensiamo ad operazioni hardware).

Nel prossimo capitolo esamineremo le differenze tra Java e Javascript e perché bisogna saperli distinguere, hanno un nome simile ma attenzione, non sono la stessa cosa.

Ci sono due scenari possibili a questo punto dell'e-book:

1. Sei un programmatore che ha utilizzato Java e sai cos'è
2. Non hai mai avuto a che fare con questo linguaggio

In ogni caso ti consigliamo di proseguire nella lettura del capitolo perchè in entrambi i casi scoprirai le differenze tra i due linguaggi e capirai a cosa servono.

Java è un linguaggio di programmazione nato nel 1995 che si avvale di un processore virtuale su cui vengono eseguiti i programmi. Questo processore virtuale non è altro che un interprete che traduce i programmi scritti in un linguaggio che il nostro PC può comprendere.

Con Java è possibile programmare per il Web tramite le applet ma nel 1995 iniziarono subito a notare dei limiti nelle interazioni con le azioni dell'utente infatti ben presto nacque Javascript.

Oggi le applet sono in disuso e Java viene usato principalmente per applicazioni a sé stanti o per le classiche funzionalità lato server.

I due linguaggi hanno in comune la possibilità di eseguire le proprie applicazioni in browser, entrambi possono essere usati lato server (pensiamo a server Web come *WebSphere*) ed infine entrambi hanno librerie e framework che agevolano i programmatori garantendo riusabilità e modularità del codice.

Le similarità sono davvero poche se confrontate alle differenze che stiamo per spiegare. Si tratta di differenze sostanziali nonostante l'etimologia possa sembrare uguale. La prima differenza consiste nell'ambiente di esecuzione di Java che può anche essere una macchina virtuale mentre Javascript viene eseguito soltanto su un browser.

Se conosci Java sai che si tratta di un linguaggio interpretato, l'abbiamo anche accennato precedentemente, ma non è del tutto vero. Java, a differenza di Javascript, viene compilato prima dell'esecuzione generando un *bytecode* ed in questa fase si accorge di eventuali errori nel codice scritto. Grazie agli IDE l'individuazione di errori è molto semplice, infatti spesso capita di non aver scritto bene il nome di una classe e il nostro codice riporta una serie di errori.

Un'altra differenza risiede nella natura di Java che essendo un linguaggio di programmazione può creare applicazioni stand-alone invece Javascript deve essere necessariamente incluso in una pagina HTML. La curva di apprendimento, infatti, è diversa tra i due linguaggi: basti pensare che in Java ci sono diversi *tipi di dato* per rappresentare dei numeri (*byte, short, int, long, float, double*) invece in Javascript esiste semplicemente *number*.

La sintassi di Java e Javascript è simile a quella del linguaggio C e C++ quindi abbiamo i blocchi *if...else, while, for ecc.* ma Java è fortemente tipizzato al contrario di Javascript che non lo è. Questo si traduce una sintassi più articolata e forse difficile da ricordare per Java ma davvero semplice ed efficace per Javascript.

Programmare in Javascript

Dove inserire il codice

Iniziamo ad utilizzare Javascript e abbiamo due scenari possibili: in una pagina HTML, fuori da una pagina HTML o utilizzare la console di un qualsiasi browser. Suggeriamo la lettura di tutti i metodi proposti in quanto possono rivelarsi tutti utili e per capirne le differenze.

Nella pagina HTML

L'HTML è un linguaggio di markup usato per la creazione di pagine Web, i suoi elementi sono i blocchi che costruiscono la pagina e sono rappresentati da *tag*. Esistono diversi tipi di tag e devi pensare la tua pagina come un giornale considerando un titolo, sottotitolo, paragrafo ecc. ma arricchito di contenuti multimediali come audio e video. Ogni tag è composto ed inizia per parentesi angolari <> e termina con </>.

Una pagina Web minimale è formata in questo modo:

```
<!DOCTYPE html>
<html>
<head>
<title>Titolo della pagina</title>
</head>
<body>

<h1>Testata principale</h1>
<p>Paragrafo</p>

</body>
</html>
```

Puoi creare un qualsiasi file di testo con quanto riportato e poi cambiare l'estensione del file in *.html*, io ho creato il mio file *welcome.html*.

Le prime due righe del file identificano che si tratta di una pagina HTML poi abbiamo due sezioni principali: *head* e *body*. Nella prima sezione ci sono tutte le meta-informazioni legate al documento ad esempio, l'autore della pagina, il titolo ecc., nella seconda sezione ci sono gli elementi che visualizzeremo. Il tag *<h1>* identifica di solito la testata principale, mentre il tag *<p>* identifica un paragrafo.

Ecco come si presenta questa pagina Web:

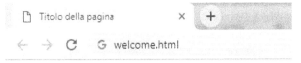

Testata principale

Paragrafo

La pagina che abbiamo creato non contiene ancora del codice Javascript, vediamo dove e come inserirlo nella nostra pagina. Il codice deve essere inserito all'interno dei tag *<script></script>* e può essere incluso nella sezione può essere incluso nella sezione *head* o *body* della nostra pagina.

Andiamo ad inserire adesso un nuovo paragrafo tramite Javascript e non tramite tag nella sezione *head:*

```
<!DOCTYPE html>
<html>
<head>
<title>Titolo della pagina</title>

<script>
function cambiaParagrafo() {
  document.getElementById("parag").innerHTML = "Nuovo paragrafo";
}
</script>
</head>
<body>

<h1>Testata principale</h1>
<p id="parag">Paragrafo</p>
<button       type="button"    onclick="cambiaParagrafo()">Cambia
paragrafo</button>

</body>
</html>
```

Abbiamo aggiunto una sezione al tag *head* che contiene il nostro codice Javascript con la funzione *cambiaParagrafo*. La funzione recupera dalla pagina tutti gli elementi con *id* pari a *parag* e ne cambia il testo. Questa funzione viene attivata al click sul pulsante definito nel tag *<button>* in modo che al click su tale pulsante venga cambiato il testo. Salviamo il file con queste modifiche e lo riapriamo dal browser oppure, se già aperto, basterà ricaricare la pagina per vedere i nuovi elementi inseriti. Dopo aver premuto il pulsante dovrebbe apparire questo:

Adesso proviamo a spostare il codice Javascript dalla sezione *head* alla sezione *body*. La pagina continuerà a funzionare come ci aspettiamo e mostrerà gli stessi elementi.

Ecco come si presenta adesso la nostra *welcome.html*:

```
<!DOCTYPE html>
<html>
<head>
<title>Titolo della pagina</title>
</head>
<body>

<h1>Testata principale</h1>
<p id="parag">Paragrafo</p>
<button        type="button"        onclick="cambiaParagrafo()">Cambia
paragrafo</button>

<script>
function cambiaParagrafo() {
  document.getElementById("parag").innerHTML = "Nuovo paragrafo";
}
</script>
</body>
</html>
```

Ok, ma se non ci sono differenze nell'aspetto e nelle funzionalità quale devo usare? Perchè inserire il codice in una sezione piuttosto che nell'altra?

Se desideri che uno script venga eseguito con degli eventi (ad esempio il click dell'utente) allora è meglio porre i tag *<script></script>* all'interno della sezione *head*.

Se invece il codice Javascript genera dei contenuti visibili ad esempio un paragrafo, un'immagine o altro è preferibile inserirlo all'interno della sezione *body*.

Immaginiamo di avere un sito ricco di elementi probabilmente useremo un approccio misto ovvero avremo dei tag *<script></script>* in entrambe le sezioni e dovremo prestare attenzione a cosa inserire. Inserendo del codice alla fine della sezione *body* migliora la velocità di visualizzazione dato che il codice verrà valutato solo quando tutto è stato già costruito. Questo approccio, però, ha un grande problema correlato: il browser non può far partire altri download finché il *document* non è stato completamente interpretato.

Per ovviare a questo problema viene spesso adottato un altro metodo di inclusione degli script ovvero viene posto tutto il codice Javascript in uno o più file esterni.

Fuori da una pagina HTML

Un altro metodo di inclusione del codice Javascript all'interno di una pagina HTML è tramite la creazione di un file con estensione .*js*, in tal modo la pagina scaricherà il file ed interpreterà il codice.

Adesso creiamo il file *codice.js* che conterrà semplicemente la nostra funzione come segue:

```
function cambiaParagrafo() {
  document.getElementById("parag").innerHTML = "Nuovo paragrafo";
}
```

Nota bene che il file *codice.js* non deve contenere alcun tag *<script></script>* altrimenti l'interprete non sarà in grado di proseguire. Il file creato, per semplificare, deve essere creato nella stessa alberatura del file *welcome.html* in modo da non specificare tutto il percorso.

La nostra pagina HTML adesso si presenta in questo modo:

```
<!DOCTYPE html>
<html>
<head>
<title>Titolo della pagina</title>
</head>
<body>

<h1>Testata principale</h1>
<p id="parag">Paragrafo</p>
<button    type="button"    onclick="cambiaParagrafo()">Cambia
paragrafo</button>

<script src="codice.js"></script>
</body>
</html>
```

Ancora una volta le funzionalità e l'aspetto della pagina sono inalterati ma abbiamo usato un file esterno che potrà essere riusato per altre pagine. Questa tecnica è molto diffusa ed utile nei siti Web dove alcune pagine condividono degli elementi, delle componenti o degli stili per dare uniformità al sito stesso.

Questa tecnica ha anche altri vantaggi in quanto separa lo strato relativo alla logica da quello di presentazione, rende più facile la manutenzione e la leggibilità e, infine sfruttando la cache dei file Javascript è possibile velocizzare la visualizzazione delle pagine.

Quando si sviluppano siti di grandi dimensioni è consigliabile creare una cartella che raggruppa tutti i file Javascript ad esempio io ho creato la cartella di nome *js* che contiene il mio file *codice.js*.

In questo modo devo inserire il percorso come segue:

```
<script src="/js/codice.js"></script>
```

Console del browser

Oltre a moltissimi IDE disponibili online e davvero ben fatti come https://stackblitz.com/ e https://jsfiddle.net/ che consentono di creare pagine Web e vederne l'anteprima real-time è possibile usare la console del proprio browser per brevi funzioni che ad ogni modo non vengono trascritte sui file in locale.

Personalmente utilizzo spesso questa tecnica quando voglio fare dei test direttamente in pagina, approfondiremo questo tema nella sezione dedicata al debug di questo e-book. Per ora è sufficiente sapere che ogni browser consente di utilizzare una console per ispezionare variabili Javascript, definirne di nuove ecc.

Per il browser Chrome è sufficiente premere il tasto F12 per aprire un pannello che mostra la console, in questo caso abbiamo semplicemente stampato a video un testo:

Anche per il browser Mozilla è sufficiente premere il tasto F12 per aprire il pannello dedicato agli sviluppatori dove si trova anche la console Javascript. In questo caso abbiamo definito una variabile a cui abbiamo dato il valore della stringa 'Pippo':

Per tutti gli altri browser, così come per Chrome e Firefox, il tasto chiave per attivare le funzioni dedicate agli sviluppatori è F12 e dovrebbe comparire un pannello simile a quelli mostrati.

Ora che sappiamo dove inserire il codice che scriviamo e come farlo eseguire al nostro PC addentriamoci nella definizione di variabili, funzioni, eventi array e tanto altro.

Le righe di codice che compongono il tuo codice sono detti *statement* quindi è importante sapere che in Javascript non è obbligatorio inserire il *punto e virgola (;)* per terminare ogni statement.

In ogni caso raccomando di usarlo sempre perchè così si evitano comportamenti indesiderati soprattutto quando si è alle prime armi con il linguaggio e, vi assicuro, vi farà risparmiare molto tempo.

In Javascript i commenti sono definiti così come in Java quindi possono essere commenti su linea singola o multipla come segue:

```
// Questo è un commento su linea singola

/* Commento
   righe
   multiple */
```

Javascript dispone di 5 tipi di dato primitivi:

1. Numeri
2. Stringhe
3. Booleani
4. null
5. undefined

Inoltre è disponibile un tipo di dato complesso a cui si riconduce tutto, gli oggetti.

Praticamente qualsiasi dato è riconducibile ad un oggetto, infatti, le funzioni, gli array e addirittura i tipi di dato primitivi hanno oggetti corrispondenti. Questo potrà non sembrare nuovo a coloro che hanno già dimistichezza con Java.

Vediamo da vicino questi tipi di dati e partiamo il nostro excursus dai numeri, è molto semplice e facile da ricordare la definizione di una variabile in Javascript:

```
// Definisco alcune variabili

var primo      = 1;
var secondoNeg = -2;
var dimezzato  = 0.5;
```

Tra i numeri ci sono dei valori particolari come `Infinity` e `-Infinity`, questi valori vengono utilizzati quando si va oltre il range che parte da -1.79769*10308 e arriva a 1.79769*10308. Un altro valore particolare è `NaN` che viene usato quando, per esempio, si cerca di eseguire una divisione che ha una stringa come dividendo e un valore numerico come divisore.

```
'dividimi' / 10
// -> NaN
```

Una stringa può essere dichiarata in questo linguaggio tramite apici singoli o doppi:

```
var stringa1 = 'Prova';
var stringa2 = "Prova";
```

Continuando con la creazione di stringhe potremmo imbatterci in eccezioni del tipo:

```
var stringa = 'L'italia è bella';
// -> VM19502:1 Uncaught SyntaxError: Unexpected identifier
```

Questo errore è dovuto alla mancanza di un carattere di *escape* infatti Javascript crede che la stringa contenga soltanto il carattere *L* ma essendo seguito da altri caratteri non rispetta la sintassi quindi genera un errore.

Provvediamo quindi a correggere l'errore inserendo il carattere \ prima dell'apice che genera l'errore:

```
var stringa = 'L\'italia è bella';
// -> undefined
```

Come possiamo notare l'assegnazione non ha restituito alcun errore ma restituisce *undefined* che è un altro tipo di dato. Questo indica, in realtà, un valore inesistente ovvero non definito ed è tipicamente assegnato alle variabili senza alcuna inizializzazione.

Un altro tipo di dato particolare è *null* in quanto prevede solo il valore *null* e indica che nessun valore è stato assegnato ad una variabile ad esempio:

```
var stipendio = null;
```

Gli ultimi due tipi di dati discussi, *undefined* e *null* possono sembrare la stessa cosa ma in realtà non lo sono. Essi vengono sempre valutati con il valore booleano *false*, appartengono alla categoria dei *falsy value* e, rappresentano cose diverse. Il primo viene usato per indicare una variabile dichiarata ma non definita mentre il secondo rappresenta un valore assegnato ovvero niente.

L'ultimo tipo di dato è quello booleano che prevede soltanto due valori: *true* o *false*:

```
var luceAccesa;
luceAccesa = false;
luceAccesa = 0;
luceAccesa = 'spenta';
luceAccesa = null;
```

Come abbiamo già avuto modo di discutere nei capitoli precedenti Javascript ha una tipizzazione debole pertanto un codice come quello dell'esempio verrà accettato dall'interprete. Proprio per questo motivo è necessaria più attenzione rispetto ad un linguaggio fortemente tipizzato in quanto non ci sono errori da parte del compilatore che ci avvertono.

In qualsiasi momento è possibile verificare il tipo di una variabile tramite l'operatore *typeof*:

```
typeof 'Pippo'
// -> "string"
typeof true
// -> "boolean"
typeof 12.6
// -> "number"
```

Array

Gli array sono strutture dati molto usate nella programmazione in quanto consentono di raggruppare elementi che hanno delle affinità tra di loro. Una volta definiti gli elementi che ne fanno parte è possibile accedere direttamente ad ogni elemento e possiamo utilizzare questa struttura dati per creare dei cicli ad esempio un ciclo *for* che stampa il nome di ogni mese dell'anno:

```javascript
const MESI_ANNO = [
'Gennaio',
'Febbraio',
'Marzo',
'Aprile',
'Maggio',
'Giugno',
'Luglio',
'Agosto',
'Settembre',
'Ottobre',
'Novembre',
'Dicembre'];
// -> undefined

// Seleziono il primo mese
MESI_ANNO[ ]
// -> "Gennaio"

for (var i = ; i < MESI_ANNO.length; i++)
console.log(MESI_ANNO[i]);
// -> Gennaio
// -> Febbraio
// -> Marzo
// -> Aprile
// -> Maggio
// -> Giugno
// -> Luglio
// -> Agosto
// -> Settembre
// -> Ottobre
// -> Novembre
// -> Dicembre
```

Come si può notare la numerazione degli indici, così come in Java, parte da zero pertanto la lunghezza del nostro array sarà pari a 11.

Gli array possono essere omogenei o eterogenei quindi composti da elementi dello stesso tipo oppure no, in questo caso il nostro array è di tipo omogeneo in quanto tutti gli elementi che lo compongono sono stringhe.

Un array di tipo eterogeneo contiene elemento di tipo diverso per esempio:

```
var array_eterogeneo = ["pippo", null, false, 12.6, 'paperino'];
```

Consideriamo una espressione come *7 – 4 = 3*, in questo caso 7 e 4 sono detti operandi ed il simbolo '-' è detto operatore. In JavaScript è possibile utilizzare diversi tipi di operatori, si parte dagli operatori aritmetici, operatori logici, assegnazione e operatori di condizione anche detti ternari.

Di seguito elenchiamo gli operatori aritmetici che sono anche i più semplici da utilizzare:

- + (Addizione)
- - (Sottrazione)
- * (Moltiplicazione)
- / (Divisione)
- % (Modulo)
- ++ (Incremento)
- -- (Decremento)

Possiamo provare questi operatori aritmetici all'interno della console del nostro browser come esempi seguenti:

```javascript
var a = 22.5;
var b = 10;

console.log('Somma: ' + (a + b));
// -> Somma: 32.5

console.log('Differenza: ' + (a - b));
// -> Differenza: 12.5

console.log('Moltiplicazione: ' + (a * b));
// -> Moltiplicazione: 225

console.log('Divisione: ' + (a / b));
// -> Divisione: 2.25

console.log('Modulo: ' + (a % b));
// -> Modulo: 2.5

console.log('Incremento a = ' + ++a);
// -> Incremento a = 23.5

console.log('Decremento b = ' + --b);
// -> Decremento b = 9
```

Da notare che abbiamo inserito le parentesi per far interpretare correttamente l'espressione ovvero volevamo stampare a video una stringa che contenesse il nome dell'operazione seguito dai due punti e dal valore dell'operazione aritmetica, nel caso in cui non avessimo inserito le parentesi avremmo avuto una stringa del tipo:

```
var a = 22.5;
var b = 10;

console.log('Somma: ' + a + b);
// -> Somma: 22.510
```

Ci sono anche degli operatori detti di *comparazione* che restituiscono i valori vero o falso in base al risultato dell'operazione. Adesso vediamo con degli esempi pratici come vengono utilizzati:

```
var a = 10;
var b = 8;

// Confronta l'uguaglianza del valore
console.log(a == b);
// -> false

// Confronta l'uguaglianza del valore e del tipo
console.log(a ==="10");
// -> false

console.log(a ===10);
// ->true

// Confronta la disuguaglianza del valore
console.log(a != b);
// ->true

// Confronta se il valore a sinistra è maggiore di quello di
destra
console.log(a > b);
// ->true

// Confronta se il valore a sinistra è maggiore o uguale a quello
di destra
console.log(a >= b);
// ->true

// Confronta se il valore a sinistra è minore di quello di destra
console.log(a < b);
// -> false
```

```
// Confronta se il valore a sinistra è minore o uguale a quello
di destra
console.log(a <= b);
// -> false
```

L'ultima categoria di operatori che andiamo a descrivere adesso sono gli operatori logici ovvero quegli elementi che collegano due proposizioni nell'algebra di Boole:

- L'operatore logico AND (simbolo &&)
- L'operatore logico OR (simbolo ||)
- L'operatore logico NOT (simbolo !)

L'operatore AND verifica che entrambi i valori alla sua sinistra e alla sua destra contengano un valore valido ovvero non sia 0, *false, undefined, null* o stringa vuota.

L'operatore OR si accerta che almeno uno dei due operatori contenga un valore valido mentre l'operatore NOT nega una condizione.

```
var a = true;
var b = false;

console.log(a && b);
// -> false

console.log(a || b);
// ->true

console.log(!b);
// ->true
```

Adesso che sappiamo come comparare valori e come eseguire alcune semplici operazioni passiamo a creare un flusso di controllo ovvero iniziamo ad aggiungere della logica più complessa ai nostri programmi in modo da renderli più completi e funzionali. Esistono diversi tipi di gestione del flusso e probabilmente se hai avuto modo di usare altri linguaggi di programmazione ne sai già qualcosa. I costrutti che affronteremo ci permetteranno di eseguire delle azioni in base ad alcune decisioni, eseguire una serie di azioni finché si verifica una condizione di uscita o gestire le eccezioni che potrebbero verificarsi.

Pensiamo ad una funzione Javascript che attribuisce un'etichetta all'età di una persona, in particolare vogliamo che restituisca 'Ventenne' se l'età varia da 20 a 29 anni, 'Trentenne' se varia da 30 a 39, 'Quarantenne' se varia da 40 a 49 e così via.

La funzione potrebbe essere implementata così:

```
function etichettaEta(eta){
    if(eta>=20 && eta<30){
            console.log('Ventenne');
    }
    else if(eta>=30 && eta<40){
            console.log('Trentenne');
    }
    else if(eta>=40 && eta<50){
            console.log('Quarantenne');
    }
    else if(eta>=50 && eta<60){
            console.log('Cinquantenne');
    }
}

etichettaEta(25);
// -> Ventenne

etichettaEta(58);
// -> Cinquantenne
```

Come potete notare l'implementazione è davvero semplice e parlante, è possibile inserire un solo *if* senza un blocco *else,* un blocco *if...else,* oppure un blocco *if* seguito da tanti else come in questo caso.

Questa implementazione è abbastanza semplice e facile da leggere ma sappiate che è possibile anche utilizzare uno *switch*.

Lo switch si avvale dell'uso della parola chiave *case* per individuare il blocco corretto da eseguire, *default* per individuare il blocco da eseguire quando nessuna condizione è stata rispettata ed infine *break* che serve a terminare il blocco corrente ed uscire dalla funzione.

Lo switch rende il codice più leggibile quando ci troviamo davanti a più *if* a cascata.

Andiamo a riscrivere la funzione precedente con uno switch:

```
function etichettaEta(eta){
    switch(eta){
    case20:
    case21:
    case22:
    case23:
    case24:
    case25:
    case26:
    case27:
    case28:
    case29:
        console.log('Ventenne');
    break;
    case30:
    case31:
    case32:
    case33:
    case34:
    case35:
    case36:
    case37:
    case38:
    case39:
        console.log('Trentenne');
    break;
    .....
    default:
    console.log('Non classificato');
    }
}

etichettaEta(25);
// -> Ventenne

etichettaEta(50);
// -> Cinquantenne
```

Come possiamo notare questo non è facile da leggere come l'esempio precedente ma in alcuni casi, soprattutto quando ci sono pochi elementi, potete usarlo per rendere migliore il vostro codice.

In questo caso abbiamo anche un controllo in più ovvero nel blocco di *default* abbiamo specificato che se l'età che viene data in input alla funzione non è prevista in nessuno dei casi verrà stampato il messaggio *Non classificato*.

Un altro blocco che viene solitamente usato nei linguaggi di programmazione è il *for* che indica di eseguire un blocco di istruzioni per un determinato numero di volte. Un ciclo *for* funziona bene se composto da una condizione di inizializzazione, una condizione di uscita e una condizione di modifica (di solito è l'incremento di un contatore).

È importante definire correttamente la condizione di valutazione e quella di modifica in quanto se non si verifica una condizione di uscita dal ciclo questo può essere eseguito all'infinito.

La classica implementazione di un ciclo di questo tipo prevede che una variabile venga inizializzata a 0 e ad ogni esecuzione del blocco venga incrementata in modo da raggiungere la condizione di uscita.

```
for(i = ; i < ; i++){
    console.log("Il numero è: " + i);
}

// -> Il numero è: 0
// -> Il numero è: 1
// -> Il numero è: 2
// -> Il numero è: 3
// -> Il numero è: 4
```

Il ciclo appena definito inizializza la variabile *i* a 0 ed inizia l'esecuzione del blocco che una volta terminata verifica se la variabile è minore di 5, se lo è viene eseguita la condizione di modifica quindi viene incrementato il valore di *i*. Questo continua finché il valore della *i* sarà pari a 4 perché dopo aver eseguito il blocco viene incrementato di nuovo il valore che adesso è pari a 5, che non rispetta più la condizione del ciclo.

Possiamo anche utilizzare un ciclo di questo tipo per esaminare tutti gli elementi di un array, nel prossimo esempio andremo ad aggiungere delle condizioni *if* all'interno del ciclo. In particolare vogliamo stampare tutte le marche di automobili che iniziano per la lettera 'A'.

```
var marche =["Alfa Romeo","BMW","Audi","Fiat","Nissan","Ford"];
for(marca of marche){
    if(marca.substring( , ) == 'A'){
        console.log(marca);
    }
}

// -> Alfa Romeo
// -> Audi
```

In questo esempio abbiamo utilizzato un metodo che Javascript mette a disposizione per tutte le stringhe e che restituisce una sottostringa definita tra gli indici specificati. In modo particolare il primo è l'indice di inizio e 0 rappresenta il primo carattere della stringa, mentre 1 rappresenta l'indice di fine.

Gli ultimi due costrutti riguardo i cicli sono davvero semplici e sono il *while* ed il *do...while*. Entrambi si basano sullo stesso principio ovvero verrà eseguito un blocco di istruzioni finché la condizione non sarà verificata.

Adesso replicheremo il ciclo for creato nell'esempio precedente ma utilizzando un ciclo *while*:

```
var i = 0;
while(i < 5){
console.log("Il numero è: "+ i);
    i++;
}

// -> Il numero è: 0
// -> Il numero è: 1
// -> Il numero è: 2
// -> Il numero è: 3
// -> Il numero è: 4
```

Come potete notare il risultato è uguale ma la forma è diversa, probabilmente è più compatto e facile da leggere. Viene inizializzata la variabile *i* con il valore 0 e finché il valore non è 5 viene stampato in console il valore attuale, appena il valore è pari a 5 si esce dal ciclo.

Quando utilizzate i cicli ponete particolare attenzione alla condizione di uscita, se volete sperimentare un ciclo infinito vi basterà eliminare la quarta riga dove c'è l'incremento della variabile. Eliminando questa riga il valore non verrà mai incrementato pertanto sarà sempre pari a 0 e quel blocco di codice verrà eseguito tantissime volte in successione. Questo porterà il vostro PC ad uno sforzo notevole e probabilmente dovrete chiudere in modo forzato il vostro browser.

Il ciclo *do...while* è una variante di quello appena usato e le istruzioni nel blocco delimitato dalla parola chiave *do* vengono eseguite finché la condizione non è verificata.

Riscriviamo il ciclo precedente con questo costrutto:

```
var i = 0;

do{
    console.log("Il numero è: "+ i);
    i++;
}
while(i < 5)
```

L'ultimo costrutto che vedremo in questa sezione ci consente di gestire le eccezioni come la lettura di un file, un metodo non definito, un problema di rete e tante altre possibili eccezioni.

Spesso la gestione degli errori viene trascurata invece si rivela essere un aspetto fondamentale della programmazione in quanto, laddove possibile consente di proseguire l'esecuzione dell'applicazione ed informare l'utente del problema riscontrato.

Le eccezioni sono degli errori che vengono lanciate dall'interprete a runtime e vengono catturate grazie a dei blocchi *try...catch*.

Il funzionamento è molto semplice, esistono due blocchi di codice: il *try* dove scriveremo il codice che può generare errori e il blocco *catch* dove verranno gestiti gli errori qualora si verificassero. Se non si verifica alcun errore durante l'esecuzione del primo blocco verrà ignorato il secondo blocco. Qualora si verificassero degli errori all'interno del primo blocco, le restanti righe di codice del primo blocco non verranno eseguite e verrà eseguito il secondo blocco ovvero il *catch*.

Nell'esempio seguente creeremo un blocco *try...catch* che gestirà come eccezione un metodo non definito.

```
try{
    console.log('Invoco un metodo non definito');
    metodo_inesistente();
}catch(err){
    alert('Si è verificata un\'eccezione!');
}

// -> Invoco un metodo non definito
```

In questo caso abbiamo invocato un metodo che non è stato definito pertanto l'interprete lancia un'eccezione che andiamo a catturare con un messaggio che informa l'utente. Questa finestra di avviso contiene un solo pulsante che ne conferma la lettura. E' possibile anche utilizzare la variabile *err* (di cui possiamo cambiare il nome) per effettuare un'ispezione dell'oggetto di errore ottenendo informazioni sulla tipologia e da cosa è stato causato.

L'oggetto dell'errore viene offerto da Javascript con delle proprietà:

- Nome dell'errore (nel nostro caso *ReferenceError)*
- Messaggio dell'errore (nel nostro caso *metodo_inesistente() is not defined)*
- Stack delle chiamate che hanno portato all'errore

E' possibile anche nidificare la gestione degli errori cioè si possono verificare delle eccezioni mentre gestiamo un'eccezione, sono dei casi particolari ma per dare un'idea vi proponiamo l'esempio seguente:

```
try{
    try{
        metodo_inesistente();
    }
    catch(err){
        console.error(err.message);
    }
}
catch(err){
    console.error(err.message);
}

// ->metodo_inesistente is not defined
```

In questo caso vengono eseguite prima le istruzioni nel primo *try* poi si entra nel secondo *try* e viene generata un'eccezione che è gestita dal primo blocco *catch*.

Vi suggerisco di usare lo *switch* che abbiamo visto prima all'interno di un blocco *catch* in modo da gestire ogni eccezione con un errore personalizzato che possa esserci ancor più d'aiuto. Potreste addirittura di creare una funzione comune da chiamare quando si verifica un'eccezione (vedremo come nella prossima sezione).

```
try{
    // Istruzioni da eseguire
}
catch(ex){
    switch(ex.name){
        case "TypeError":
            console.log("Utilizzare il tipo di dato corretto");
            break;
        case "ReferenceError":
            console.log("Variabile o funzione non definita");
            break;
        case "SyntaxError":
            console.log("Esiste qualche carattere non valido");
```

```
        break;
    ...
  }
}
```

Come potete notare nella gestione delle eccezioni è stato usato un nuovo metodo della console: il metodo error. Questo metodo viene spesso utilizzato per dare risalto agli errori che vengono scritti nella console tanto che, come tutti gli errori, hanno il colore rosso.

Esistono altri metodi della console per stampare dei messaggi e variano in base alla gravità di ciò che si vuole scrivere. I metodi sono *log()* per l'output generale, *info()* che stampa messaggi di informazione, *warn()* per i messaggi che richiedono particolare attenzione ed *error()* che abbiamo già avuto modo di vedere.

Adesso che sappiamo usare gli operatori, memorizzare variabili, gestire il flusso e le eccezioni del nostro codice siamo pronti ad affrontare nello specifico le funzioni in Javascript e come vengono utilizzate.

Funzioni

Le funzioni in Javascript sono composte da un nome che serve per poterle utilizzare quindi innanzitutto è fondamentale definire una funzione per poi poterla usare. La definizione informa l'interprete su qual è il compito che la funzione svolge, l'invocazione serve per consentire alla funzione di svolgere il compito.

Come abbiamo visto nelle definizioni negli esempi precedenti la dichiarazione parte dalla parola chiave *function* seguita dal nome che vogliamo dare alla funzione, seguono le parentesi tonde che racchiudono gli argomenti della funzione. Nelle parentesi graffe invece viene esplicitato il compito che la funzione deve svolgere.

Le funzioni possono avere un valore da restituire oppure no, una funzione che prende in input un messaggio e lo stampa in console non ha bisogno di restituire nulla mentre una funzione che somma dei numeri deve restituire un valore.

Le funzioni possono restituire un valore tramite la parola chiave *return*, pensiamo ad una funzione che somma tutti i numeri di un array:

```
function sommaTutti(array){
    var risultato = ;
    for(numero of array){
        risultato = risultato + numero;
    }

    return risultato;
}

var numeri = [ , , , ,- , ,- ];
sommaTutti(numeri);

// -> -4
```

Possiamo anche creare funzioni alle quali non sappiamo esattamente quanti parametri passare, ne possiamo passare un numero indefinito grazie all'array *arguments*. In questo modo potremmo creare una funzione che somma tutti i valori che passiamo come argomenti senza necessariamente avere o creare un array per utilizzare la funzione *sommaTutti*.

Le funzioni in Javascript, come tutto d'altronde, sono riconducibili agli oggetti pertanto sono davvero versatili. Questa peculiarità permette di passare una funzione come argomento di un'altra funzione. La funzione che riceve in input un'altra funzione è anche detta di *ordine superiore*.

Le funzioni passate come parametro di input sono anche dette *callback*, questo è uno dei concetti base di questo linguaggio ed in generale della programmazione funzionale.

Facciamo un esempio pratico: immaginiamo di dover mostrare il voto di un esame del nostro studente ma ovviamente per mostrare il voto deve aver prima sostenuto un esame. Definiamo una funzione che descrive questo scenario:

```
var sostieni_esame = function(){...}
var mostra_voto = function(callback);

// passiamo mostra_voto come parametro di sostieni_esame
mostra_voto(sostieni_esame);
```

In questo caso abbiamo esplicitamente definito una funzione che fa ciò ma questa funzione potrebbe anche non avere un nome pertanto sarebbe una cosiddetta *funzione anonima:*

```
var mostra_voto = function(callback){...};
mostra_voto(function(){...});
```

Come facciamo a sapere quando lo studente ha sostenuto l'esame e quindi mostrare il voto cioè chi ci informa che la prima funzione ha terminato l'esecuzione?

Quando passiamo una funzione in input, possiamo specificare in quale momento vogliamo mandarla in esecuzione. Negli esempi seguenti faremo una richiesta HTTP al nostro server per ottenere quest'informazione:

```javascript
// in questo esempio facciamo una richiesta GET al nostro server
ed eseguiamo la nostra callback quando riceviamo la risposta
var sostieni_esame = function(callback){
    var xmlHttp = new XMLHttpRequest();
    xmlHttp.onreadystatechange = function() {
        if (xmlHttp.readyState == 4 && xmlHttp.status == 200) {
            // quando riceviamo una risposta
            callback(xmlHttp.responseText);
        }
    }
    // true per la chiamata asincrona
    xmlHttp.open("GET", "www.mioserver.com", true);
    xmlHttp.send(null);
}

var mostra_voto = function(esame){
    console.log(esame.voto);
}

mostra_voto(sostieni_esame);
```

Vediamo come si presenta lo stesso programma usando una funzione anonima:

```javascript
// in questo esempio facciamo una richiesta GET al nostro server
ed eseguiamo la nostra callback quando riceviamo la risposta
var sostieni_esame = function(callback){
    var xmlHttp = new XMLHttpRequest();
    xmlHttp.onreadystatechange = function() {
        if (xmlHttp.readyState == 4 && xmlHttp.status == 200) {
            // quando riceviamo una risposta
            callback(xmlHttp.responseText);
        }
    }
    // true per la chiamata asincrona
    xmlHttp.open("GET", "www.mioserver.com", true);
    xmlHttp.send(null);
}

mostra_voto(function(esame){
    console.log(esame.voto);
});
```

In questo esempio abbiamo usato delle invocazioni asincrone che rappresentano l'essenza della programmazione ad eventi, in questo caso quando viene scatenato

98

l'evento (un esame sostenuto) viene innescata la funzione per mostrare il voto dell'esame.

Nel prossimo paragrafo approfondiremo gli oggetti in Javascript, cosa sono e perché sono davvero importanti e centrali nella natura del linguaggio.

Oggetti

La centralità degli oggetti in Javascript si può comprendere a pieno se pensiamo che tutto ciò che non è un tipo di dato primitivo è un oggetto. Un oggetto è una sorta di contenitore formato da valori che possono essere anche di natura diversa tra di loro ma combinati creano una struttura dati unica.

Nei linguaggi di programmazione orientati agli oggetti un oggetto rappresenta un'entità per esempio uno studente che immaginiamo abbia almeno due proprietà di tipo stringa ovvero nome e cognome e una proprietà di tipo numerico che indica l'età.

Uno studente può avere anche delle funzionalità ad esempio studia, scrive, impara.

Da questo esempio possiamo dedurre che ogni oggetto ha delle proprietà e dei metodi e le proprietà possono essere anche altri oggetti, non necessariamente dati primitivi.

```
var studente = {
    nome:"Filippo",
    cognome:"Bianchi",
    indirizzo:{
        via:"Via Principale",
        numero:15,
        CAP:"00100",
        citta:"Roma"
    }
};
```

Abbiamo anche un altro modo per definire un oggetto: tramite un costruttore. Un costruttore non è altro che una funzione che ci consente di definire degli oggetti con proprietà ben definite.

Potremmo creare un costruttore per il nostro oggetto *studente:*

```
function Studente(nome, cognome, via, numero, CAP, citta) {
    this.nome = nome;
    this.cognome = cognome;
    this.indirizzo = {};
    this.indirizzo.via = via;
    this.indirizzo.numero = numero;
    this.indirizzo.CAP = CAP;
    this.indirizzo.citta = citta;
}

var studente2 = new Studente('Antonio','Rossi','via Trento', 1,
20100, 'Milano');
```

Prendiamo per buona questa definizione ignorando il significato della parola chiave *this* che spiegheremo a breve. I costruttori sono molto usati in quanto consentono di accentrare la logica in un unico punto piuttosto che creare tutta la struttura dell'oggetto ad ogni nuova istanza.

Nell'esempio precedente abbiamo visto anche come viene creata una nuova istanza dell'oggetto ovvero come possiamo creare un nuovo *studente* tramite l'uso del costruttore.

Possiamo accedere ai valori di un oggetto tramite un approccio detto *dot-notation* quindi ci basterà separare con un punto l'oggetto dalla proprietà che desideriamo recuperare per ottenerne il valore.

Se volessimo ritrovare il valore che abbiamo dato alla proprietà *cognome* della variabile *studente*:

```
studente.cognome
// -> "Bianchi"
```

Introduciamo una nuova proprietà all'oggetto appena definito, vogliamo inserire la media degli esami sostenuti e per Filippo la media è pari a 27,5. Questo approccio è anche detto definizione incrementale ovvero aggiungiamo delle proprietà che non avevamo considerato in fase di definizione dell'oggetto.

```
studente.media-esami=27.5
// -> UncaughtReferenceError: Invalid left-hand side in
assignment
```

L'interprete ha rifiutato quest'istruzione, credi che l'errore sia il punto e virgola che manca alla fine della stringa? Il problema non è nella terminazione della stringa dato che il punto e virgola è opzionale ma fortemente raccomandato.

Il problema risiede nel nome della proprietà infatti *media-esami* si scontra con i limiti della dot notation, per ovviare a questo problema potremmo definire la variabile con un nome diverso oppure usare un altro approccio per la definizione utilizzando le parentesi quadre.

```
studente["media-esami"]=27.5;

// -> 27.5
```

Quest'istruzione è valida per l'interprete in quanto capisce che la stringa all'interno delle parentesi sarà il nome della proprietà dell'oggetto *studente*.

Le azioni che un oggetto può compiere sono dei metodi ovvero delle funzioni. Assumiamo di dover costruire una pagina Web che elenchi tutti gli studenti dell'università con nome, cognome e media degli esami. Ci potrebbe essere utile una funzione per l'oggetto *studente* che restituisce i dati richiesti:

```
studente.info = function(){
    return this.nome + " " + this.cognome + " " + this["media-
esami"];
}
```

In questo modo abbiamo dichiarato una funzione al pari di scrivere, studiare o imparare. Immaginiamo che ogni studente dica il suo nome, il suo cognome e la sua media. Come abbiamo imparato prima abbiamo soltanto definito la funzione ma non l'abbiamo invocata inoltre come avrai notato abbiamo usato la parola chiave *this* che indica l'oggetto a cui si fa' riferimento. Cambiando le proprietà dell'oggetto il metodo appena definito recupererà le informazioni aggiornate:

```
studente.info();

// -> "Filippo Bianchi 27.5"

studente.nome='Antonio';
studente['media-esami'] = 29;
studente.info();

// -> "Antonio Bianchi 29"
```

Classi

Un altro tassello che dobbiamo aggiungere al nostro codice Javascript sono le classi dato che conosciamo già come funziona un costruttore. Una classe Javascript è un modo nuovo di scrivere le funzioni del costruttore usando le proprietà dei *prototipi* delle funzioni.

Cos'è un prototipo di una funzione? Ogni volta che viene definita una funzione in Javascript, l'interprete gli aggiunge la proprietà *prototype* e tutti gli oggetti ereditano proprietà e metodi da *prototype.*

Andiamo quindi a creare la nostra classe *Studente,* avrai notato che ho utilizzato la lettera maiuscola per l'iniziale del nome della classe, questa è una convenzione che conviene mantenere.

```javascript
class Studente {
    constructor(nome, cognome, via, numero, CAP, citta) {
        this.nome = nome;
        this.cognome = cognome;
        this.indirizzo = {};
        this.indirizzo.via = via;
        this.indirizzo.numero = numero;
        this.indirizzo.CAP = CAP;
        this.indirizzo.citta = citta;
    }

    info() {
        return this.nome + " " + this.cognome + " " +
this["media-esami"];
    }
}
```

Dalla classe appena creata puoi notare che sostanzialmente una classe è un modo per raggruppare un costruttore con delle proprietà ed i metodi della classe, abbiamo unito il costruttore e il metodo *info()* creati in precedenza. In questo modo possiamo creare tante istanze della stessa classe senza ridefinire la struttura dato che gli IDE e anche la console dei browser fornisce come suggerimento il nome dei parametri da passare. Vediamo adesso come istanziare un oggetto della classe:

```javascript
var studente2 = new Studente('Antonio','Rossi','via Trento', 1,
20100, 'Milano');
```

La creazione di un oggetto della classe dichiarata è identica a quella del costruttore ma quello che cambia rispetto alla definizione del solo costruttore è che adesso potremo invocare anche il metodo *info()* per la variabile *studente2.*

Questo dimostra quanto il concetto di classe e di costruttore siano davvero vicini tra loro in Javascript ma ci sono alcune cose da tenere in considerazione:

1. il costruttore richiede la parola chiave *new*, per la classe non è obbligatorio
2. se non aggiungiamo un costruttore ad una classe, ne verrà aggiunto uno vuoto di default
3. le dichiarazioni delle classi, al contrario dei costruttori, non sono automaticamente spostate in cima a tutte le istruzioni pertanto il seguente codice funziona:

```
var studente2 = new Studente('Antonio','Rossi','via Trento', 1,
20100, 'Milano');

function Studente(nome, cognome, via, numero, CAP, citta) {
    this.nome = nome;
    this.cognome = cognome;
    this.indirizzo = {};
    this.indirizzo.via = via;
    this.indirizzo.numero = numero;
    this.indirizzo.CAP = CAP;
    this.indirizzo.citta = citta;
}
```

Mentre il seguente codice restituirà un *ReferenceError*:

```
var studente2 = new Studente('Antonio','Rossi','via Trento', 1,
20100, 'Milano');

class Studente {
    constructor(nome, cognome, via, numero, CAP, citta) {
        this.nome = nome;
        this.cognome = cognome;
        this.indirizzo = {};
        this.indirizzo.via = via;
        this.indirizzo.numero = numero;
        this.indirizzo.CAP = CAP;
        this.indirizzo.citta = citta;
    }

    info() {
        return  this.nome  +  "  "  +  this.cognome  +  "  "  +
this["media-esami"];
    }
}
```

```
// -> VM84:1 Uncaught ReferenceError: Studente is not defined at
<anonymous>:1:17
```

Nota bene che ogni classe può avere al più un solo costruttore e nel caso in cui una classe ne estenda un'altra classe il costruttore della classe figlia può richiamare quello del padre tramite la parola chiave *super* ma lo approfondiremo in seguito.

Le classi possono avere dei metodi cosiddetti *statici* ovvero poniamoci questa domanda quando definiamo un metodo: ha senso invocarlo anche se l'oggetto non è ancora stato costruito? Se la risposta è si allora il metodo che stiamo definendo deve avere la parola chiave *static* come segue:

```
class Studente {
    constructor(nome, cognome, via, numero, CAP, citta) {
        this.nome = nome;
        this.cognome = cognome;
        this.indirizzo = {};
        this.indirizzo.via = via;
        this.indirizzo.numero = numero;
        this.indirizzo.CAP = CAP;
        this.indirizzo.citta = citta;
    }

    info() {
        return this.nome + " " + this.cognome + " " +
this["media-esami"];
    }

    static salutaProf() {
        return 'Buongiorno professore';
    }
}

Studente.salutaProf();

// -> "Buongiorno professore"
```

Come possiamo notare abbiamo definito un metodo per ogni studente che serve per salutare un professore al suo arrivo. Questo metodo sarà uguale per tutti gli studenti pertanto può essere usato senza creare un'istanza della classe, proprio come mostrato nell'esempio.

Una classe può disporre anche di metodi per recuperare o impostare i valori delle proprietà tali metodi sono detti rispettivamente *getter* e *setter*.

Di seguito abbiamo creato questi metodi per recuperare e impostare il valore della proprietà *citta* all'interno dell'*indirizzo* :

```
class Studente {
    constructor(nome, cognome, via, numero, CAP, citta) {
        this.nome = nome;
        this.cognome = cognome;
        this.indirizzo = {};
        this.indirizzo.via = via;
        this.indirizzo.numero = numero;
        this.indirizzo.CAP = CAP;
        this.indirizzo.citta = citta;
    }

    info() {
        return   this.nome  +  "  "  +  this.cognome  +  "  "  +
this["media-esami"];
    }

    static salutaProf() {
        return 'Buongiorno professore';
    }

    get citta() {
        if (this.indirizzo) return this.indirizzo.citta;
        else return null;
    }

    set citta(valore) {
        if (valore.length < 2) {
            alert("Il nome inserito è troppo corto!");
            return;
        }

        if (this.indirizzo) {
            this.indirizzo.citta = valore;
        } else {
            alert("Indirizzo non definito!");
        }
    }
}

var studente = new Studente('Antonio','Rossi','via Trento', 1,
20100, 'Milano');

studente.citta;

// -> "Milano"
```

```
studente.citta = 'Bergamo';

studente.citta;

// -> "Bergamo"
```

In Javascript è possibile estendere una classe infatti potremmo pensare che la nostra classe *Studente* estenda la classe *Persona*. Nel seguente esempio abbiamo dichiarato queste due classi e per ognuna abbiamo dichiarato alcuni metodi:

```
class Persona {
    saluta() {
        alert('Ciao!');
    }

    cammina() {
        alert('Sto camminando!');
    }
}

class Studente extends Persona {
    saluta() {
        alert('Ciao amico!');
    }

    studia() {
        alert('Sto studiando!');
    }
}

var persona = new Persona();
persona.saluta();
// -> "Ciao!"

var studente = new Studente();
studente.saluta();
// -> "Ciao amico!"

studente.studia();
// -> "Sto studiando!"

studente.cammina();
// -> "Sto camminando!"

persona.studia();
// -> Uncaught TypeError: persona.studia is not a function
```

Nell'esempio puoi notare come i metodi della classe figlia *Studente* sovrascrivono i metodi della classe *Persona* motivo per cui il metodo *saluta()* restituisce un messaggio diverso. Il metodo *cammina()* anche se non è stato definito nella classe *Studente* viene eseguito essendo stato definito nella classe padre *Persona*.

Il metodo *studia()*, invece, è proprio della classe *Studente* pertanto se invocato su una variabile di tipo *Persona* restituirà l'errore descritto. Come puoi notare l'interprete Javascript restituisce degli errori "parlanti" ovvero ti indirizza facilmente verso il problema, come in questo caso.

Potremmo avere la necessità di verificare qual è la classe di un'istanza e possiamo farlo usando l'operatore *instanceof*. Questo operatore restituisce vero se l'operando alla sua sinistra è un'istanza dell'operando alla sua destra.

```
persona instanceof Studente
// -> false

studente instanceof Studente
// -> true

studente instanceof Persona
// -> true
```

In questo caso abbiamo effettuato alcuni test interessanti infatti *persona* non è una istanza della classe *Studente* pertanto l'operatore restituisce falso, *studente* è ovviamente un'istanza della classe *Studente* dato che l'abbiamo creata tramite il suo costruttore.

L'ultimo caso è il più interessante in quanto la variabile *studente* risulta essere un'istanza della classe *Persona* dato che le classi sono correlate tra loro ed in particolare, *Studente* eredita da *Persona*.

L'operatore *instanceof* può essere usato anche sui tipi primitivi infatti:

```
var frutto = new String("ananas");
frutto instanceof String;
// -> true

// adesso non specifico alcun tipo
var frutto2 = "mela";
frutto2 instanceof String;
```

```
// -> false
// frutto2 non è un oggetto String

var numero = 12.7;
numero instanceof Number;
// -> false

var numero = new Number(12.3);
numero instanceof Number;
// -> true
```

Sia le classi che i costruttori imitano un modello di ereditarietà orientata agli oggetti in JavaScript, che è un linguaggio di ereditarietà basato su prototipi, come abbiamo visto.

Comprendere l'ereditarietà è fondamentale per essere un bravo sviluppatore JavaScript ed avere familiarità con le classi è estremamente utile, anche in vista dell'uso di framework basati su Javascript.

DOM

Cos'è?

Aprendo una pagina web nel browser, esso recupera il testo HTML della pagina e lo analizza ovvero crea un modello della struttura del documento che utilizza per disegnare la pagina sullo schermo. Questa rappresentazione è una struttura dati che puoi leggere o modificare in tempo reale: quando viene modificata, la pagina sullo schermo viene aggiornata per riflettere le modifiche.

DOM è l'acronimo di Document Object Model e rappresenta una proprietà che abbiamo considerato poco fino ad ora ma che merita un approfondimento. Il DOM indica il documento HTML che viene caricato nella finestra del browser e fornisce la struttura del documento in una vista gerarchica anche detto *albero del DOM*.

Il DOM è quindi composto da nodi e ogni nodo può riferirsi ad altri nodi o figli, che a loro volta possono avere altri figli. Si tratta di strutture nidificate in cui gli elementi possono contenere elementi secondari simili a se stessi. La struttura dati ad albero è molto usata in informatica perché oltre a rappresentare strutture ricorsive come documenti o programmi HTML, sono utili per mantenere set di dati ordinati in quanto garantiscono una rapida ed efficiente lettura ed inserimento di dati.

Un tipico albero ha diversi tipi di nodi così come avviene nel DOM che può contenere diversi tag HTML, che possono avere dei figli a loro volta oppure non averne, i cosiddetti *nodi foglia*. Ogni nodo del DOM contiene un riferimento ai nodi vicini infatti ogni nodo ha una proprietà *parentNode* che fa riferimento al proprio genitore, se presente. Se il genitore non è presente il nodo in questione è detto *radice.*

Riprendiamo la nostra pagina *welcome.html* e dopo averla lanciata nel browser esaminiamone l'aspetto tramite click destro -> Ispeziona.

Il codice HTML della pagina che esamineremo è:

```
<!DOCTYPE html>
<html>
<head>
    <title>Titolo della pagina</title>
</head>
```

```
<body>
    <h1>Testata principale</h1>
    <p id="parag">Paragrafo</p>
    <button    type="button"    onclick="cambiaParagrafo()">Cambia
paragrafo</button>

    <script src="codice.js"></script>
</body>
</html>
```

Il corrispondente DOM della pagina sarà rappresentato così:

```
⌦ ⌷    Elements    Console    Sources    Network    Performance    Memory    Application    Secu
<!doctype html>
<html>
▼ <head> == $0
    <title>Titolo della pagina</title>
  </head>
▼ <body>
    <h1>Testata principale</h1>
    <p id="parag">Paragrafo</p>
    <button type="button" onclick="cambiaParagrafo()">Cambia paragrafo</button>
    <script src="codice.js"></script>
  </body>
</html>
```

Il DOM è fondamentale perché ci consente di modificare gli elementi della pagina tramite il codice Javascript. Esistono diversi metodi per recuperare gli elementi e possiamo farlo principalmente tramite *id* o tramite *tag*.

```
var p = document.getElementById("parag");
```

Questo metodo, uno dei più utilizzati per la gestione del DOM, restituisce un oggetto che rappresenta il nodo di tipo elemento che ha l'attributo id con il valore specificato. Se esistono più elementi con lo stesso id viene restituito il primo individuato, se non esiste viene restituito null.

Un metodo analogo è *getElementsByName* che recupera un elenco di nodi della pagina il cui valore dell'attributo *name* corrisponde a quello del parametro.

La differenza tra i due è che il secondo restituisce una lista di nodi mentre il primo restituisce sempre e solo un elemento, se presente.

Un altro modo per recuperare gli elementi è tramite il loro *tag*:

```
var listaParagrafi = document.getElementByTagName("p");
```

In questo modo andremo a recuperare una lista di nodi di tipo paragrafo, specificando il parametro * verrà restituita la lista contenente tutti i nodi che costruiscono la pagina.

Questi metodi ti servono per un accesso diretto ai nodi che vuoi recuperare ma ricorda che puoi navigare all'interno dell'albero anche tramite il loro collegamento padre-figlio tramite la proprietà *parentNode*. Oltre a questa proprietà esiste *firstChild* che punta al primo figlio di un elemento così come *lastChild* punta all'ultimo, metodi particolarmente utili quando si ha una lista di elementi. Nelle liste di elementi potrebbe essere utile accedere ad un elemento adiacente per questo Javascript ci offre i metodi *previousSibling* e *nextSibling* per il nodo rispettivamente prima o dopo.

Mettiamo in pratica quanto visto finora:

```
var paragrafo = document.getElementById("parag");
paragrafo.parentNode

// -> <body>
        <h1>Testata principale</h1>
        <p id="parag">Paragrafo</p>
        <button type="button" onclick="cambiaParagrafo()">Cambia
paragrafo</button>
        <script src="codice.js"></script>
    </body>
```

Proviamo ad esplorare il *parentNode* della variabile *paragrafo:*

```
paragrafo.parentNode.children

// -> HTMLCollection(4) [h1, p#parag, button, script, parag:
p#parag]
```

Viene restituita una collezione di elementi HTML che rappresenta proprio i tag contenuti nel *body* della pagina ovvero i contenuti visibili della nostra pagina.

La sintassi è semplice da ricordare e "parlante" quindi i nomi dei metodi sono familiari soprattutto per chi usa scrivere il proprio codice in inglese:

```
paragrafo.parentNode.parentNode.firstChild

// -> <head><title>Titolo della pagina</title></head>
```

È possibile cambiare lo stile di un elemento tramite Javascript? Certo che si anche se è raccomandabile, ove possibile, usare le proprietà CSS per mantenere la separazione dei ruoli.

Adesso creeremo un effetto con Javascript che ci permetterà di mettere a frutto quanto abbiamo imparato. Definiamo una pagina Web composta da un solo *div*:

```
<!DOCTYPE html>
<html>
<head>
    <title>Titolo della pagina</title>
</head>

<body>
    <div id="movimento"></div>
    <script src="codice.js"></script>
</body>
</html>
```

Adesso utilizziamo Javascript per creare dinamicità all'interno della pagina, in particolare visualizzeremo un testo in movimento nella sezione appena creata.

Il file *codice.js* utile per il funzionamento del codice sarà:

```
var testo = "Ciao, sto iniziando ad usare JavaScript ed è
fantastico";
var str = testo.split("");
var el = document.getElementById('movimento');
(function animazione () {
    if (str.length > 0) {
        el.innerHTML = el.innerHTML + str.shift();
    }
    else {
        clearTimeout(running);
    }
    var running = setTimeout(animazione, 100);
})();
```

Dopo aver copiato questo codice ricaricate la vostra pagina e vedrete un effetto molto carino, potete cambiare la velocità dell'effetto "macchina da scrivere" modificando il parametro 100 del *setTimeout*.

114

Adesso vi spiego cosa abbiamo fatto per ottenere questo simpatico effetto:

1. Definiamo il testo da scrivere
2. Il metodo *split()* spezzetta ogni stringa in una lettera e la inserisce in un array, avremmo anche potuto usare il metodo *substring()* e poi mettere tutto in un array
3. Recuperiamo dal *document* il nodo con *id* pari a *movimento*
4. Definiamo la funzione *animazione* che valuta la lunghezza dell'array *str*, se è maggiore di 0 allora stampa l'elemento nella pagina e lo rimuove dall'array. Se invece l'array ha dimensione pari a 0 allora viene annullato il timeout che invoca la funzione a ripetizione
5. Invochiamo un timeout che ogni 100 millisecondi invoca la funzione *animazione*

Conclusioni

Abbiamo visto che Javascript è un ottimo linguaggio con grandi potenzialità e utile per modificare praticamente tutto di una pagina Web, a partire dalla struttura fino al contenuto e all'interazione con l'utente. Se prima questo linguaggio poteva essere considerato un optional per abbellire le nostre pagine adesso si rivela un *must have* per le nostre pagine.

Giunti a questo punto del nostro libro su JavaScript ci auguriamo che tu abbia preso confidenza con il linguaggio e ci auguriamo che tu non abbia riscontrato grandi difficoltà. La sintassi è abbastanza semplice da comprendere e risulta "parlante". Continua ad esercitarti e con l'esperienza sarai in grado di costruire pagine Web più complesse di quelle da noi proposte.

Dal 2006, a partire da *jQuery*, questo linguaggio si è diffuso a macchia d'olio tanto da essere largamente usato sia su client che su server e con gli standard ECMAScript si prevede una diffusione ancora più rapida nei prossimi anni. In vista di tutto ciò ti consiglio di continuare a programmare in Javascript perchè oltre ad essere un linguaggio interessante, sembra essere davvero il linguaggio del futuro prossimo.

AngularJS

C'erano una volta HTML, CSS e JavaScript. Ad ogni sviluppatore Web bastava conoscerli per poter creare l'interfaccia di un'applicazione.

Con il tempo questi linguaggi di markup non sono stati più sufficienti ed è nata l'esigenza di utilizzare dei framework per agevolare/rendere più efficiente il lavoro dei programmatori.

Ecco perchè sono nati diversi framework come AngularJS (precedente versione di Angular), Backbone.js, Vue.js, React etc.

Come potete notare questi framework sono tutti basati su Javascript, motivo per il quale questo linguaggio di programmazione ha iniziato la sua scalata verso il successo.

Angular è supportato da Google e da una vasta comunità di persone e aziende, per affrontare molte delle sfide affrontate nello sviluppo di applicazioni a singola pagina, multipiattaforma e performante. È completamente estensibile e funziona bene con altre librerie.

Quando tutto è iniziato, questo framework è stato chiamato AngularJS e allude a ciò che ora conosciamo come Angular 1.x. Quindi, Angular 2 è arrivato come una completa riscrittura del framework, migliorando da quanto appreso e promettendo miglioramenti delle prestazioni e una struttura più scalabile e più moderna.

La prima versione di Angular fu chiamata Angular 2. In seguito, fu rinominata in "Angular". Da ora in poi, ogni volta che utilizziamo il termine Angular ci riferiamo all'ultima versione del framework, inclusi Angular 2, Angular 4, Angular 5, Angular 6 e Angular 7.

Angular rappresenta una completa riscrittura di AngularJS pertanto molti concetti sono stati modificati e/o rimossi pertanto non c'è alcuna compatibilità tra le due versioni.

Concludiamo questa premessa con l'elencare i pregi di Angular:

- Software di migliore qualità e con meno sforzo
- Riduzione della curva di apprendimento

- Modello di programmazione MVC (Model - View - Controller)
- Software modulare
- Interazione fluida anche su mobile

A chi si rivolge il libro

Come evidenziato nella premessa questo libro si rivolge principalmente a sviluppatori Web con un minimo di esperienza in JavaScript e che vogliono creare una Web App.

La conoscenza di Javascript è fondamentale per acquisire le basi e comprendere meglio l'intera struttura del framework.

Dov'è il codice?

In questo libro useremo diversi font e stili per indicare diversi tipi di informazione.

Una porzione di codice verrà presentata in questo modo:

```html
<h2>Persona</h2>
<ul class="persone">
  <li>
    <span>{{persona.id}}</span> {{persona.nome}}
  </li>
</ul>
```

Input e Output da riga di comando si presentano nel seguente modo:

ng serve --open

Termini nuovi, parole importanti, cartelle o directory ed elementi dell'interfaccia sono riportati in *corsivo*.

Requisiti

Prima di iniziare accertati che sul tuo PC siano installati:

- Node.js
- Package manager npm

Angular richiede una versione superiore a 8.x di Node.js, perciò, per verificare se sia già installato digitare nella shell dei comandi:

node -v

Se invece non hai Node.js puoi utilizzare questo link per installarlo: https://nodejs.org/.

Angular e le sue App dipendono dagli *npm packages* e per utilizzarli è necessario un *package manager* come npm. Per verificare se npm sia già installato digitare il seguente comando nella shell dei comandi:

npm -v

Se non hai npm installato sul tuo PC puoi utilizzare questo link: https://docs.npmjs.com/cli/install.

Infine, come evidenziato nella premessa, è essenziale il linguaggio JavaScript e spieghiamo il perchè.

Una applicazione Angular può essere scritta in JavaScript o *TypeScript* (una estensione di JavaScript), la scelta è affidata al singolo sviluppatore ma è consigliato adottare TypeScript perchè supporta lo standard ECMAScript; è più conciso rispetto a JavaScript; ha un controllo statico dei tipi di dato e, soprattutto, perchè lo stesso Angular è scritto in TypeScript.

Creazione dell'ambiente di sviluppo

Installare Angular CLI

La prima cosa da fare è installare *Angular CLI*, per fare ciò sarà necessario aprire una shell di comandi e digitare il seguente comando:

npm install -g @angular/cli

Creare un workspace e l'applicazione

Un *workspace* contiene i file per uno o più *progetti*. Un progetto è un insieme di file che comprende una app, una libreria e può contenere dei test.

Per creare un workspace e l'installazione della nostra applicazione che chiameremo *mia-app* digitiamo:

ng new mia-app

Il comando sopra creerà una cartella denominata "mia-app" e copierà tutte le dipendenze e le impostazioni di configurazione richieste.

Angular CLI eseguirà questi step per te:

- Crea una nuova directory "mia-app"
- Scarica e installa librerie Angular e qualsiasi altra dipendenza
- Installa e configura TypeScript
- Installa e configura Karma e Goniometro (librerie di test)

L'applicazione iniziale contiene una semplice app di benvenuto già pronta per l'esecuzione.

Durante la creazione dell'app Angular include un server in modo che tu possa costruire ed eseguire la tua applicazione in locale.

Per fare ciò, sempre nella shell di comandi, dobbiamo spostarci nella directory del progetto e successivamente avviare il server con il *ng serve.*

cd mia-app

ng serve --open

Il comando *ng serve* esegue una compilazione in *watch mode* (cerca le modifiche nel codice e ricompila se necessario), avvia il server, avvia l'app in un browser e mantiene l'app in esecuzione mentre continuiamo a costruirla.

Il server di sviluppo Webpack è in ascolto sulla porta HTTP 4200 e con l'opzione --open del comando verrà automaticamente aperta una finestra del browser all'indirizzo:

http://localhost:4200/

Questo è ciò che Angular ha creato per noi:

Welcome to mia-app!

Modificare la tua prima componente

Le *componenti* sono dei blocchi fondamentali di un'interfaccia utente e di applicazioni Angular, si occupano di mostrare i dati, gestire l'input dell'utente, eseguire azioni in basa all'input.

Angular CLI ha creato la nostra componente e denominata *app-root* in quanto è la base di tutta l'applicazione.

Effettuiamo qualche modifica per avere più confidenza con Angular:

1. Apriamo il file *./src/app/app.component.ts*
2. Cambiamo il titolo della nostra applicazione da 'mia-app' a 'La mia App Angular!'

Modifichiamo il file con un qualsiasi editor o con un IDE in modo che risulti simile a questo:

```
@Component({
  selector: 'app-root',
  templateUrl: './app.component.html',
  styleUrls: ['./app.component.css']
})
export class AppComponent {
  title = 'La mia App Angular!';
}
```

Dopo aver salvato la modifica il compilatore rileverà la modifica, ricompilerà il progetto e il browser caricherà la nuova versione del file. Questo processo si ripeterà ogni volta che salvate un file.

Adesso ciò che vediamo nel browser sarà:

Welcome to La mia App Angular!

Adesso vogliamo aggiungere un po' di CSS per dare un certo stile al nostro titolo h1.

Per fare ciò apriamo il file *./src/app/app.component.css* e creiamo una regola CSS come segue:

```css
h1 {
  color: red;
  font-family: Arial, Helvetica, sans-serif;
}
```

Salviamo il file e noteremo che il titolo diventerà di un bel colore rosso.

Nel prossimo capitolo vedremo come è strutturato il framework, partendo dai moduli per arrivare ai servizi passando per le componenti. L'architettura di Angular non è molto complessa ma è fondamentale conoscerla per strutturare la nostra applicazione.

Architettura di Angular

Prima di proseguire è necessario focalizzare l'attenzione sulla struttura del framework quindi capire cosa sono i moduli, le componenti (che abbiamo in parte già visto), i servizi e come iniettare le dipendenze.

Angular implementa funzionalità core e opzionali come set di librerie TypeScript che importi nelle tue app.

I componenti base di un'applicazione Angular sono *NgModules*, che forniscono il contesto per la compilazione delle *componenti*. NgModules raccoglie il codice correlato in insiemi funzionali; un'app Angular è definita da un set di NgModules. Un'app ha sempre almeno un *modulo root* che abilita il bootstrap e in genere ha molti altri *moduli feature*.

Le componenti definiscono le *viste*, che sono insiemi di elementi di schermo che Angular può scegliere e modificare in base alla logica e ai dati del programma.

Le componenti utilizzano *servizi* che forniscono funzionalità specifiche non direttamente correlate alle viste. I fornitori di servizi possono essere *iniettati* in componenti come *le dipendenze*, rendendo il codice modulare, riutilizzabile, ed efficiente.

Sia le componenti che i servizi sono semplicemente classi, con *decoratori* che contrassegnano il loro tipo e forniscono metadati che indicano ad Angular su come usarli.

I metadati per una classe componente lo associano a un *template* che definisce una vista.

Un *template* combina l'HTML con le *direttive* Angular e il *markup di associazione* che consentono ad Angular di modificare l'HTML prima di interpretarlo per la visualizzazione.

I metadati per una classe di servizio forniscono le informazioni di cui Angular ha bisogno per renderla disponibile alle componenti tramite l'*iniezione delle dipendenze (DI)*.

126

Le componenti di un'app generalmente definiscono molte viste, disposte gerarchicamente. Angular fornisce il servizio Router per aiutarti a definire i percorsi di navigazione tra le viste. Il router offre sofisticate funzionalità di navigazione all'interno del browser.

Moduli

I moduli aiutano a organizzare un'applicazione in blocchi di funzionalità coerenti avvolgendo componenti, direttive e servizi. Le applicazioni Angular sono modulari e ogni applicazione ha almeno un modulo, il *modulo radice*, chiamato *AppModule* convenzionalmente e risiede in un file chiamato *app.module.ts*. Il modulo radice può essere l'unico modulo in una piccola applicazione, ma la maggior parte delle app ha molti più moduli.

Come sviluppatore, sta a te decidere come utilizzare i moduli. In genere, si mappano le funzionalità principali o una funzionalità di un modulo. Diciamo che hai quattro aree principali nel tuo sistema. Ognuno avrà il proprio modulo in aggiunta al modulo radice, per un totale di cinque moduli.

L'organizzazione del codice in moduli funzionali distinti aiuta a gestire lo sviluppo di applicazioni complesse e favorisce la riusabilità. Inoltre, questa tecnica consente di sfruttare il *lazy-loading*, ovvero il caricamento dei moduli su richiesta, per ridurre al minimo la quantità di codice che deve essere caricata all'avvio.

Qualsiasi modulo Angular è una classe con il decoratore *@NgModule*. I decoratori sono funzioni che modificano le classi JavaScript e sono fondamentalmente utilizzati per allegare i metadati alle classi in modo che sappiano la configurazione di tali classi e come dovrebbero funzionare.

Le proprietà più importanti sono:

- *declarations:* qui verranno appunto dichiarate le componenti, le pipe e le direttive che fanno parte del modulo.

- *exports:* questa proprietà descrive quali sono le dichiarazioni che sono visibili e pertanto utilizzabili negli altri moduli.

- *imports:* indica i moduli necessari e, di conseguenza, le classi necessarie per le componenti dichiarate in tale modulo.

- *providers:* creatori di servizi che questo NgModule contribuisce a raggruppare; i quali diventano utilizzabili ovunque all'interno dell'app. (Spesso è preferibile specificare i provider a livello di componente).

- *bootstrap:* la *componente root* dell'applicazione ovvero la vista principale che ospita tutte le altre. Tale proprietà dovrebbe essere impostata solo per il modulo *root* (che dovrebbe essere uno per applicazione).

Di seguito la definizione del modulo generata per l'app precedente:

```
import { BrowserModule } from '@angular/platform-browser';
import { NgModule } from '@angular/core';

import { AppRoutingModule } from './app-routing.module';
import { AppComponent } from './app.component';

@NgModule({
  declarations: [AppComponent],
  imports: [
    BrowserModule,
    AppRoutingModule
  ],
  providers: [],
  bootstrap: [AppComponent]
})
export class AppModule { }
```

La componente root creata durante il bootstrap fa sempre parte di un modulo root che, a sua volta, può includere un qualsiasi numero di componenti aggiuntivi, caricati tramite il router o creati tramite il template. Un NgModule condivide lo stesso contesto di compilazione tra tutte le componenti.

Una componente insieme al suo template definiscono una *vista*.

Per poter gestire in modo autonomo diverse aree dello schermo, più o meno complesse, una componente può comportarsi come contenitore di una *gerarchia di viste*. In questo modo è possibile creare, modificare o distruggere alcune aree dello schermo e creare componenti più complesse ma ben strutturate, dato che può mescolare template di componenti che fanno parte di altri NgModules.

Per chi conosce bene JavaScript si sarà accorto che i moduli ECMAScript rappresentano un solo file e la sintassi utilizzata è un costrutto standard di ECMAScript che garantisce l'incapsulamento.

I moduli Angular, invece, sono strutturati in modo diverso e non seguono uno standard. In particolare si occupano di creare dei gruppi coesi di componenti, direttive e pipes, aiutano a mantenere separata la logica dalla visualizzazione anche grazie ai metadati forniti al compilatore tramite @NgModule.

Tra le librerie che Angular utilizza ci sono anche dei propri *moduli di librerie* ed ognuno è contrassegnato dal prefisso *@angular*. E' possibile installarli tramite npm ed importarli come abbiamo fatto nella definizione precedente:

```
import { BrowserModule } from '@angular/platform-browser';
import { NgModule } from '@angular/core';
```

Una *componente* che controlla una porzione di schermo è chiamata *vista*.

Le componenti hanno bisogno necessariamente di una logica per gestire la vista, tale logica è definita in una classe. La classe predispone delle API e dei metodi che consentono l'interazione con la vista.

Ad esempio, *ListaStudentiComponent* tramite la proprietà *studenti* che contiene una serie di *Studente* gestisce la vista. Il suo metodo selectStudente() imposta il valore della proprietà selectedStudente al click dell'utente per scegliere uno studente della lista. Il componente acquisisce gli studenti da un servizio, che è una proprietà del parametro TypeScript sul costruttore. Il servizio viene fornito al componente attraverso il sistema di iniezione delle dipendenze. Segue la definizione della nostra classe *ListaStudentiComponent*:

```
export class ListaStudentiComponent implements OnInit {
  studenti: Studente[];
  selectedStudente: Studente;

  constructor(private service: StudenteService) { }

  ngOnInit() {
    this.studenti = this.service.getStudenti();
  }

  selectStudente(studente: Studente) { this.selectedStudente =
  studente; }
}
```

Man mano che l'utente interagisce con l'applicazione Angular provvede a creare nuove componenti, aggiornarle o, se non sono più necessarie, le distrugge. Attraverso degli *hook*, come *ngOnInit()*, puoi prendere il controllo ed eseguire delle operazioni in qualsiasi fase del ciclo di vita, devi soltanto implementare l'interfaccia dedicata e definirne l'implementazione tramite il metodo appropriato.

Le componenti si avvalgono dell'uso di metadati per dare maggiori informazioni ad Angular sulla loro funzionalità, *@Component* per esempio, denota la classe come una componente e ne specifica i suoi metadati.

Senza un decoratore abbiamo semplicemente una classe JavaScript e Angular non avrà alcuna informazione aggiuntiva.

Senza i relativi metadati per una componente Angular non è in grado di determinare da dove recuperare gli elementi di cui ha bisogno per creare e presentare la componente e la vista. Ci sono due modi per associare un template alla componente: con codice *inline* se si tratta di componenti molto piccole o tramite *riferimento* per componenti più complesse che hanno bisogno di una struttura ben organizzata.

Segue la definizione completa della componente:

```
@Component({
  selector:    'app-lista-studenti',
  templateUrl: './lista-studenti.component.html',
  providers:   [ StudenteService ]
})
export class ListaStudentiComponent implements OnInit {
  studenti: Studente[];
  selectedStudente: Studente;

  constructor(private service: StudenteService) { }

  ngOnInit() {
    this.studenti = this.service.getStudenti();
  }

  selectStudente(studente: Studente) { this.selectedStudente =
studente; }
}
```

In questo esempio verranno mostrate alcune opzioni per la configurazione di *@Component*:

- *selector*: verrà creata ed inserita da Angular un'istanza della componente ovunque ci sia un corrispondente tag HTML nel template. Se l'HTML di un'applicazione contesse *<app-lista-studenti></app-lista-studenti>*, allora

131

Angular inserirà un'istanza di *ListaStudentiComponent* tra il tag di apertura e quello di chiusura.

- *templateUrl*: il riferimento al template HTML di questo componente. In alternativa, puoi fornire il template HTML inline, come valore della proprietà *template*.

- *providers*: una lista di provider per i servizi richiesti dal componente. Nell'esempio precedente, viene indicato ad Angular come fornire l'istanza di *StudenteService* utilizzata dal costruttore della componente *ListaStudentiComponent* per ottenere l'insieme degli studenti da visualizzare.

A questo punto ti chiederai come sono legati i template e le viste, approfondiamo questo aspetto.

E' possibile definire la vista di una componente con il suo relativo template. Un template è sostanzialmente la forma di un HTML che comunica ad Angular come fare il rendering della componente.

Al fine di mostrare, nascondere o modificare delle sezioni o delle pagine che fanno parte dell'interfaccia le viste vengono solitamente disposte in modo gerarchico, come se fossero delle unità.

La *vista host* di una componente è il template ad essa associato, che a sua volta, può anche definire una *gerarchia di viste*, ospitate da altri componenti.

Un template è un file HTML, con l'aggiunta della sintassi di Angular, in modo da alterare l'HTML secondo la logica inclusa nell'app modificandone il DOM. Tramite il binding dei dati è possibile riflettere i dati del model sul DOM e viceversa, trasformare la visualizzazione dei dati prima che vengano mostrati tramite le *pipes* oppure applicare una determinata logica a ciò che viene visualizzato tramite le direttive.

Di seguito riporto il template per la componente creata precedentemente:

```html
<h2>Lista di studenti</h2>
```

```
<p><i>Seleziona uno studente dalla lista</i></p>
<ul>
  <li *ngFor="let studente of studenti"
(click)="selectStudente(studente)">
    {{studente.nome}}
  </li>
</ul>

<app-dettaglio-studente *ngIf="selectedStudente"
[studente]="selectedStudente">
</app-dettaglio-studente>
```

Questo template utilizza tag tipici dell'HTML come *<h2>* e *<p>* ma include alcuni tag tipici di Angular come *ngFor, {{studente.nome}}, (click), [studente] ed infine *<app-dettaglio-studente>*.

A cosa servono questi nuovi elementi? La risposta è semplice, facilitare la vita del programmatore ma vediamoli singolarmente:

- *ngFor è utilizzato per iterare su una lista di elementi

- {{studente.nome}}, (click) e [studente] servono a legare (bind) i dati e il DOM

- il tag custom (definito da noi) *<app-dettaglio-studente>* è l'elemento che rappresenta una nuova componente di tipo *DettaglioStudenteComponent*

Abbiamo parlato del binding delle componenti ovvero come legare le parti del template alle parti della componente, il concetto potrà sembrare ostico per chi è agli inizi ma ben presto diventerà più chiaro.

Con un framework come Angular lo sviluppatore non è più responsabile dei valori dei dati nell'HTML e del convertire l'input degli utenti in azioni e aggiornamenti di valore.

L'implementazione di tali logiche a mano è un lavoro noioso, incline agli errori, difficile da leggere ed i programmatori esperti di jQuery lo sanno bene.

Angular supporta il cosiddetto *two-way data binding* cioè un meccanismo per cui le parti del template e quelle della componente sono sempre legate e coordinate.

Il binding, quindi, può essere eseguito dal DOM alla componente, dalla componente al DOM o entrambi.

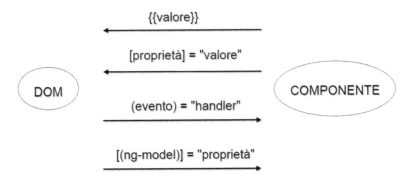

Nell'esempio precedente abbiamo usato

- *{{studente.nome}}* per mostrare la proprietà *studente.nome* come elemento della lista

- *[studente]* per passare il valore selezionato dalla componente padre *ListaStudentiComponent* alla componente figlia *DettaglioStudenteComponent*

- *(click)* per invocare il metodo *selectStudente* quando l'utente clicca sul nome dello studente

Il doppio binding dei dati (utilizzata principalmente nei form) unisce l'associazione degli eventi e le proprietà in una semplice e concisa notazione. Ecco un esempio del template *DettaglioStudenteComponent* che utilizza l'associazione dati bidirezionale con la direttiva *ngModel*.

```
<input [(ngModel)]="studente.nome">
```

Nel collegamento bidirezionale, il valore dei dati passa dalla componente alla casella di input tramite il binding della proprietà. Le modifiche dell'utente tornano alla componente, reimpostando il valore, come bind dell'evento.

Per ogni ciclo di eventi JavaScript, Angular elabora i binding partendo dall'origine dell'albero dei componenti dell'applicazione fino ad arrivare a tutti i componenti figlio. Pertanto l'associazione dei dati assume un ruolo molto importante nella relazione tra un template e la sua componente ed è anche importante per la relazione tra il figlio e le componenti padre.

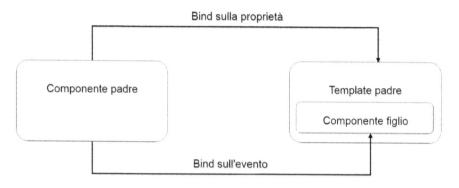

Angular consente di asserire delle trasformazioni di valore e di visualizzazione nel modello HTML. Per definire una funzione che trasforma i valori di input in valori di output per la visualizzazione in una vista è necessario usare il decoratore *@Pipe*.

Angular definisce varie pipe, come la pipe per la data e la pipe per la valuta; per un elenco completo, consultare l'elenco delle API Pipes al seguente indirizzo: https://angular.io/api?type=pipe. Puoi definire delle nuove pipe, configurabili e adatte alle tue necessità.

Utilizzare l'operatore pipe (|) come nell'esempio per specificare la trasformazione da eseguire:

```
<h2>{{valore | pipe_name}}</h2>
```

È possibile concatenare le pipe, inviando l'output di una funzione pipe a essere trasformata da un'altra funzione pipe. Una pipe può anche assumere argomenti che controllano il modo in cui esegue la sua trasformazione. Ad esempio, puoi passare il formato desiderato alla pipe per le date.

```
<!-- Default format: output 'Jun 15, 2015'-->
<p>Today is {{today | date}}</p>

<!-- fullDate format: output 'Monday, June 15, 2015'-->
<p>The date is {{today | date:'fullDate'}}</p>
```

I template in Angular sono dinamici perciò Angular trasforma il DOM in base alle *direttive*, cioè esegue le istruzioni fornite dalle classi con il decoratore *@Directive*().

Una componente è sostanzialmente riconducibile ad una direttiva, infatti le componenti sono così caratteristiche e fondamentali per le applicazioni tanto che *@Component()* estende *@Directive*().

Oltre alle componenti, ci sono altri due tipi di direttive: *strutturali* e *attributi*. Angular definisce un numero di direttive di entrambi i tipi, e tu puoi definire direttive custom usando il decoratore *@Directive()*.
Esattamente come per le componenti, la classe decorata con un elemento selector è associata tramite i metadati di una direttiva. Nei template, le direttive di solito appaiono come attributi dentro il un tag di un elemento, per nome o come obiettivo di una assegnazione o di un legame.

Le *direttive strutturali* cambiano il layout attraverso l'aggiunta, sostituzione o rimozione degli elementi nel DOM. Il template seguente usa due direttive strutturali (*ngFor* e *ngIf)* per aggiungere la logica dell'applicazione all'interfaccia.

```
<li *ngFor="let studente of studenti"></li>
<app-dettaglio-studente          *ngIf="selectedStudente"></app-dettaglio-
studente>
```

ngFor è un iterativo; dice ad Angular di stampare un *<li>* per ogni studente nella lista.

ngIf è un condizionale; include *DettaglioStudenteComponent* solo se esiste uno studente selezionato.

Le *direttive di attributi*, invece, modificano l'aspetto o il comportamento di un elemento esistente. Prendono il nome dalla loro somiglianza con i normali attributi HTML, presta molta attenzione a ciò per non farti trarre in inganno.

La direttiva *ngModel*, che viene utilizzata per l'associazione bidirezionale dei dati (detto two-way data binding), è una direttiva di attributo poichè cambia il comportamento di un elemento (di solito un tag *<input>*) impostandone il valore e attivandosi per modificare gli eventi.

```
<input [(ngModel)]="studente.nome">
```

Angular ha diverse direttive predefinite che modificano la struttura del layout (ad esempio, *ngSwitch*) o modificano aspetti di elementi e componenti DOM (ad esempio, *ngStyle* e *ngClass*).

Servizi

I servizi identificano un'ampia categoria che comprende qualsiasi valore, funzione o caratteristica di cui un'app necessita. Un servizio di solito ha un obiettivo ben definito ovvero fare qualcosa di specifico e farlo bene. Angular distingue le componenti dai servizi al fine di incrementare sia la modularità sia la riusabilità. In tal modo staccando la visualizzazione di una componente dagli altri tipi di elaborazione, si possono creare classi di componenti efficienti e snelle.

Il lavoro di una componente consiste esclusivamente nel gestire la user-experience. Una componente dovrebbe soltanto esporre i metodi per l'associazione dei dati e le proprietà, per consentire la conciliazione tra la il template e la logica dell'applicazione.

Una componente può delegare determinate attività ai servizi, ad esempio il recupero dei dati dal server, la convalida dell'input dell'utente o l'accesso diretto alla console. Per rendere disponibili tali attività per qualsiasi componente, queste devono essere definite in una *classe di servizio iniettabile*. Iniettando diversi *provider* dello stesso tipo di servizio, in base al contesto, è possibile rendere l'applicazione più adattabile e modulare.

Raggruppare facilmente la logica della tua applicazione in servizi e rendere tali servizi disponibili alle componenti attraverso l'iniezione delle dipendenze, questi sono i principi cardini di Angular.

Come abbiamo visto per gli altri esempi, per convenzione, il nome del file identifica il tipo di classe che conterrà pertanto andremo a creare il nostro file *src/app/studente.service.ts*.

```
export class StudenteService {
    private studenti: Studente[] = [];
```

```
constructor(private backend: BackendService) { }

getStudenti() {
  this.backend.getAll(Studente).then((studenti: Hero[]) => {
    this.studenti.push(...studenti); // fill cache
  });
  return this.studenti;
}
}
```

Come possiamo vedere dall'esempio i servizi possono dipendere da altri servizi. Di seguito, una classe che dipende dal servizio *BackendService* per ottenere una lista di studenti. Il servizio *BackendService* probabilmente recupererà gli studenti da un server in modo asincrono, quindi, è verosimile che possa dipendere da un altro servizio tipo *HttpClient*.

Dependency Injection

La DI è integrata nel framework è utilizzata per fornire nuove componenti con servizi o altre cose di cui hanno bisogno. Le componenti utilizzano i servizi tanto che si può *iniettare un servizio in una componente*, dando a quest'ultima la possibilità di accedere a tale classe di servizio.

Utilizzando il decoratore *@Injectable()* puoi fornire i metadati che consentono ad Angular di identificare una classe come servizio e di iniettarla come dipendenza in una componente. E' possibile usare lo stesso decoratore per indicare che una componente o un'altra qualsiasi classe (un altro servizio, una pipe o un NgModule) ha una dipendenza.

L'iniezione delle dipendenze è un concetto centrale nella programmazione moderna e questo viene confermato anche per Angular.

Il framework, infatti, durante il processo di bootstrap genera un iniettore a livello dell'applicazione e iniettori aggiuntivi quando sono necessari. Non hai bisogno creare iniettori manualmente, li crea lui per te quando serve.

Un iniettore si occupa di creare le dipendenze e mantenerle in un contenitore di istanze, mentre un provider è un oggetto che informa l'iniettore su come ottenere o creare una dipendenza.

Devi registrare un provider con l'iniettore dell'app, in modo che l'iniettore possa utilizzare il provider per creare delle nuove istanze, per qualunque dipendenza tu abbia bisogno nella tua applicazione.

Angular sceglie di quali dipendenze o servizi ha bisogno la componente, esaminando i tipi di parametri del costruttore, in fase di creazione di una nuova istanza della classe perciò viene utilizzato il costruttore.

Ad esempio, il costruttore dei ListaStudentiComponent ha bisogno di StudenteService.

```
@Component({
  selector:    'app-lista-studenti',
  templateUrl: './lista-studenti.component.html',
  providers:   [ StudenteService ]
})
export class ListaStudentiComponent implements OnInit {
  studenti: Studente[];
  selectedStudente: Studente;

  constructor(private service: StudenteService) { }
  ....
}
```

Nel momento in cui una componente dipende da un servizio (come in questo caso), Angular prima di ogni altra cosa verifica se l'iniettore ha istanze esistenti di quel servizio. Nel caso in cui non esistano, l'iniettore ne crea una nuova tramite il provider registrato e questa viene aggiunta all'iniettore.

Infine, Angular invoca il costruttore della componente con tali servizi come argomenti non prima che tutti i servizi necessari siano stati identificati e restituiti.

Il processo di iniezione di StudenteService è descritto dall'immagine seguente:

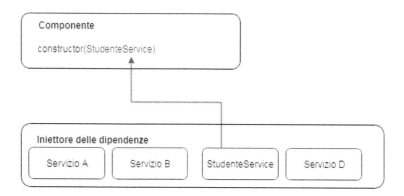

E' obbligatorio registrare almeno un *provider* di qualsiasi servizio che intendi utilizzare.

Il provider può essere parte dei metadati del servizio, rendendo disponibile quel servizio ovunque, oppure è possibile registrare provider con moduli o componenti specifici. E' possibile registrare i provider nei metadati del servizio (nel decoratore *@Injectable()*, o in *@NgModule()* o nei metadati *@Component()*.

Il comando Angular CLI *ng generate service*, di default, registra un provider con l'iniettore root per il servizio includendo i metadati del provider nel decoratore *@Injectable()*. Vediamo come è possibile tradurre ciò nel codice:

1. Registrare un provider con *@Injectable()*

```
@Injectable({
 providedIn: 'root',
})
```

2. Registrare un provider con *NgModule*

```
@NgModule({
  providers: [
  BackendService
  ],
  ...
})
```

3. Registrare un provider con *@Component*

```
@Component({
    selector:    'app-lista-studenti',
    templateUrl: './lista-studenti.component.html',
    providers:   [ StudenteService ]
})
```

Quindi sono tre modi diversi di fare la stessa cosa? Ni. Vediamo quali sono le differenze.

Quando fornisci il servizio a livello di root come nel caso 1, viene creata una singola istanza condivisa *StudenteService* e la inietta in qualsiasi classe che la richieda. La registrazione del provider nei metadati consente di ottimizzare un'app rimuovendo tale servizio dall'app compilata se non utilizzato.

Qualora si registrasse un provider come nel caso 2, con un *NgModule* specifico, per tutti i componenti in tale *NgModule* sarà disponibile la medesima istanza del servizio per tutte le componenti. Per registrarsi a questo livello, usa la proprietà *providers* del decoratore *@NgModule()*.

Registrando il provider a livello di componente come nel caso 3, con ogni nuova istanza di quel componente si otterrà una nuova istanza del servizio. E' possibile registrare un provider di servizi, a livello di componente, all'interno della proprietà *providers* dei metadati di *@Component()*.

Adesso che hai una panoramica di tutta l'architettura di Angular abbiamo bisogno di capire qual è il ciclo di vita delle componenti che, come abbiamo visto, sono la parte centrale di un'applicazione Angular.

Nel prossimo capitolo esploreremo questo aspetto del framework e capiremo come usare il ciclo di vita per ottimizzare la nostra interfaccia.

Ciclo di vita delle componenti

Angular gestisce il ciclo di vita di una componente, infatti, la crea, ne effettua il rendering, ne gestisce i figli, la controlla e infine la distrugge prima di rimuoverla dal DOM.

Il framework offre degli *hook del ciclo di vita* che forniscono visibilità in questi momenti chiave della vita e la capacità di agire quando si verificano.

Gli sviluppatori possono utilizzare i momenti fondamentali del ciclo di vita attraverso l'implementazione di una o più interfacce che fanno parte del ciclo di vita presenti nella libreria *core* di Angular.

Il nome di ogni metodo che implementa un'interfaccia utilizza il prefisso *ng* e ad ogni interfaccia corrisponde un solo metodo.

L'interfaccia *OnInit*, ad esempio, possiede un solo metodo *hook* chiamato *ngOnInit()* invocato da Angular poco dopo la creazione della componente:

```
export class Studente implements OnInit {
  constructor(private service: StudenteService) { }

  ngOnInit() { console.log('Il metodo ngOnInit è stato
invocato!'); }
}
```

Angular invoca il metodo hook di una direttiva o componente se e solo se è definito.

Nella tabella seguente vediamo quali sono gli altri hook che possiamo definire:

Hook	Scopo e sequenza temporale
ngOnChanges()	Questo è il primo metodo invocato nella sequenza e si occupa di impostare o reimpostare il legame con le proprietà dei dati di input.
	Viene invocato prima per settare il valore e poi ogni volta che il valore dei dati cambia.
ngOnInit()	Inizializza la direttiva o la componente dopo che Angular visualizza per la prima volta le proprietà associate ai dati e imposta le proprietà di input della direttiva/componente.

	Viene invocato solo una volta, dopo il primo *ngOnChanges()*.
ngDoCheck()	Agisce sui cambiamenti che Angular non può rilevare da solo.
ngAfterContentInit()	Invocato durante ogni cambiamento, subito dopo *ngOnChanges()* e *ngOnInit()*. Invocato solo una volta dopo il primo *ngDoCheck()* dopo che il contenuto esterno delle componenti è stato inizializzato.
ngAfterContentChecked()	Invocato dopo *ngAfterContentInit()* e ad ogni successivo *ngDoCheck()* serve a verificare che l'inizializzazione sia andata a buon fine.
ngAfterViewInit()	Invocato una volta dopo il primo *ngAfterContentChecked()* cioè dopo che la vista componente e le sue viste figlio sono state inizializzate.
ngAfterViewChecked()	Viene invocato ogni volta che Angular ha finito di eseguire il rilevamento delle modifiche su una componente e sui suoi figli quindi dopo *ngAfterViewInit()* e ad ogni successivo *ngAfterContentChecked()*.
ngOnDestroy()	Invocato poco prima di distruggere la componente e serve a rimuovere tutti i bind per evitare memory leak.

Nonostante sia fondamentale conoscere tutti questi metodi, quelli che utilizzeremo maggiormente sono *ngOnInit()*, *ngOnDestroy()* ed *ngOnChanges()*:

- *ngOnInit()*

  Deve essere usato per eseguire inizializzazioni complesse poco dopo la costruzione o per impostare la componente dopo Angular ha impostato le proprietà di input.

  Gli sviluppatori esperti concordano sul fatto che le componenti dovrebbero essere economiche e sicure da costruire perciò non è consigliato recuperare i dati nel costruttore.

Non dovresti preoccuparti che una nuova componente proverà a contattare un server remoto quando viene creata. I costruttori dovrebbero solo impostare le variabili locali iniziali su valori semplici.

Puoi contare su Angular per chiamare il metodo *ngOnInit()* subito dopo aver creato la componente. Ecco dove deve risiedere le pesanti logiche di inizializzazione.

- *ngOnDestroy()*

  Qui deve esserci la logica da eseguire prima che Angular distrugga la direttiva.

  Questo è il momento in cui notificare ad un'altra parte dell'applicazione che la componente sta per essere distrutta.

  In questo metodo potremo liberare le risorse che non saranno liberate automaticamente, annullare l'iscrizione agli Observables (che vedremo tra qualche capitolo) e al DOM. Qui potremo interrompere i timer degli intervalli, annullare la registrazione di tutte le callback che questa direttiva ha registrato con servizi globali o applicativi.

  Rischiate memory leak se dimenticate di farlo, è un passaggio importante specialmente su grandi applicazioni.

- *ngOnChanges()*

  Il metodo *ngOnChanges()* viene invocato ogni volta che Angular rileva delle modifiche alle proprietà di input della componente (o della direttiva).

  Questo esempio controlla l'hook *OnChanges*.

```
ngOnChanges(changes: SimpleChanges) {
  for (let propName in changes) {
    let chng = changes[propName];
    let cur  = JSON.stringify(chng.currentValue);
    let prev = JSON.stringify(chng.previousValue);
    console.log(`${propName}: currentValue =
${cur},previousValue = ${prev}`);
  }
}
```

Il metodo *ngOnChanges()* accetta un oggetto che associa ogni nome di proprietà modificato a un oggetto *SimpleChange* che mantiene i valori di proprietà attuali e precedenti. Questo hook esegue iterazioni sulle proprietà modificate e le registra.

La componente di esempio *OnChangesComponent* ha la proprietà di input *studente* così definita:

```
@Input() studente: Studente;
```

Sarà quindi possibile utilizzare nel template padre questa proprietà di input:

```
<on-changes [studente]="studente"></on-changes>
```

Nel componente figlio quando abbiamo un oggetto utente come proprietà *@Input()* legata ai dati, *ngOnChanges()* viene invocato solo quando il riferimento dell'oggetto viene modificato dal componente principale. Il riferimento dell'oggetto può essere cambiato assegnando un nuovo oggetto ad esso. Significa che se modifichiamo il valore della proprietà dell'oggetto nel componente padre, il metodo *ngOnChanges()* non verrà chiamato nel componente figlio perché il riferimento non viene modificato.

Supponiamo, invece, di avere il seguente tipo primitivo decorato con *@Input()* in una componente figlio:

```
@Input() voto: number;
```

Ora ogni volta che una componente genitore modifica il valore in una qualsiasi delle sue proprietà che è stata utilizzata nel componente figlio, viene eseguito il metodo *ngOnChanges()* nella componente figlio. Funziona con qualsiasi tipo di dati primitivi come *string*, *number* ecc.

Interazione tra componenti

Adesso che abbiamo diverse componenti all'interno della nostra applicazione sorge la necessità di farle comunicare tra di loro, analizziamoli singolarmente:

- Passare i dati di padre in figlio tramite *Input*

  Componente padre:

  ```
  import { Component } from '@angular/core';

  @Component({
    selector: 'app-padre',
    template: `
      <app-figlio [messaggioFiglio]="messaggioPadre"></app-figlio>
    `,
    styleUrls: ['./padre.component.css']
  })
  export class PadreComponent{
    messaggioPadre = "Messaggio dal padre"
    constructor() { }
  }
  ```

  Componente figlio:

  ```
  import { Component, Input } from '@angular/core';

  @Component({
    selector: 'app-figlio',
    template: `
      Messaggio: {{ messaggioFiglio }}
    `,
    styleUrls: ['./figlio.component.css']
  })
  export class FiglioComponent {

    @Input() messaggioFiglio: string;
    constructor() { }
  }
  ```

- Usare i *ViewChild* consentono a un componente di essere iniettata in un'altra, dando al genitore l'accesso agli attributi e alle funzioni del figlio

  Componente padre:

  ```
  import { Component, ViewChild, AfterViewInit } from '@angular/core';
  ```

148

```
import { FiglioComponent } from
"../figlio/figlio.component";

@Component({
  selector: 'app-padre',
  template: `
    Messaggio: {{ messaggio }}
    <app-figlio></app-figlio>
  `,
  styleUrls: ['./padre.component.css']
})

export class PadreComponent implements AfterViewInit {

  @ViewChild(FiglioComponent) figlio;

  constructor() { }

  messaggio:string;

  ngAfterViewInit() {
    this.messaggio = this.figlio.messaggio
  }
}
```

Componente figlio:

```
import { Component} from '@angular/core';

@Component({
  selector: 'app-figlio',
  template: ``,
  styleUrls: ['./figlio.component.css']
})
export class FiglioComponent {

  messaggio = 'Ciao!';
  constructor() { }
}
```

- Dal figlio al padre tramite *Output()* e *EventEmitter*

Componente padre:

```
import { Component } from '@angular/core';

@Component({
  selector: 'app-padre',
  template: `
```

```
    Messaggio: {{messaggio}}
    <app-figlio
(messageEvent)="riceviMessaggio($event)"></app-figlio>
    `,
    styleUrls: ['./padre.component.css']
})
export class PadreComponent {
  constructor() { }

  messaggio:string;

  riceviMessaggio($event) {
    this.messaggio = $event
  }
}
```

Componente figlio:

```
import { Component, Output, EventEmitter } from
'@angular/core';

@Component({
  selector: 'app-figlio',
  template: `
      <button (click)="sendMessage()">Invia
messaggio</button>
    `,
  styleUrls: ['./figlio.component.css']
})
export class FiglioComponent {

  messaggio: string = "Ciao!"

  @Output() messaggioEvent = new EventEmitter<string>();

  constructor() { }

  sendMessage() {
    this.messaggioEvent.emit(this.messaggio)
  }
}
```

- Condividere dati con un *Service*

  La componente padre e i suoi figli condividono un servizio. L'interfaccia di tale servizio permette la comunicazione all'interno della "famiglia"

  Di seguito la definizione del servizio:

  ```
  import { Injectable } from '@angular/core';
  ```

```
@Injectable()
export class DataService {
  dati: string;
}
```

Classe A:

```
import {Component} from '@angular/core'

import { DataService } from './data.service';

@Component({
 template: `
  <div>
    <h2>Dati da A: {{ dati }} </h2>
    <input [(ngModel)] = dati />
    <br><br>
    <a [routerLink]="['/b']">Vai a B</a>
  </div>
  `
})
export class A {

  get dati():string {
    return this.dataService.dati;
  }
  set dati(valore: string) {
    this.dataService.dati = valore;
  }

  constructor(public dataService: DataService) { }
}
```

Classe B:

```
import {Component} from '@angular/core'

import { DataService } from './data.service';

@Component({
  template: `
  <div>
    <h2>Dati da B: {{ dati }} </h2>
    <input [(ngModel)] = 'dati' />
    <br><br>
    <a [routerLink]="['/a']">Vai ad A</a>
  </div>
  `
})
export class B {
  get dati():string {
    return this.dataService.dati;
  }
  set dati(valore: string) {
    this.dataService.dati = valore;
  }

  constructor(public dataService: DataService) { }
}
```

In questo esempio, come avrete notato, abbiamo introdotto alcuni elementi nuovi: *dati* è stato definito utilizzando un getter/setter quindi il valore corrente è recuperato dal servizio; la presenza di *routerLink* che verrà spiegata nel prossimo capitolo.

Routing e navigazione

Il *Router* consente la navigazione da una vista ad un'altra man mano che l'utente esegue dei task.

Ogni interfaccia Web, infatti, ha bisogno di pulsanti, menu, tabs e tanto altro per consentire la navigazione e una migliore *user experience*.

Una applicazione Angular è un albero di componenti, alcune delle quali saranno statiche per tutta la durata dell'applicazione, altre invece vorremo visualizzarle in modo dinamico e per ottenere ciò useremo un *router*. Pensiamo ad un software per la gestione del personale, ad esempio, lo immaginiamo con un menu, un *<div>* per ogni persona censita con un pulsante che ne consente di aprire il dettaglio.

Il *Router* di Angular ci consente di fare tutto ciò ma anche molto di più, salvando tutto nella cronologia del browser in modo da garantire il funzionamento dei tasti Avanti e Indietro dei browser supportati.

Usando il modulo Router e le direttive *router-outlet* sarà possibile definire parti della nostra applicazione che visualizzeranno diversi gruppi di componenti in base all'url corrente.

A seconda dell'URL verrà visualizzata una componente diversa usando una direttiva router-outlet e verranno definiti degli *stati del router.*

Nel software per la gestione del personale, che abbiamo usato prima, la pagina home sarebbe uno stato del router e, le componenti per la visualizzazione del dettaglio di una persona, sarebbero un altro stato del router.

La maggioranza delle applicazioni di routing dovrebbero aggiungere un tag *<base>* in *index.html* come primo figlio nel tag *<head>* per specificare al router come comporre gli URL di navigazione.

Se la cartella app è la root dell'applicazione, come per l'applicazione di esempio, impostare il valore href esattamente come segue:

```
<base href="/">
```

Il router Angular è un servizio opzionale che mostra una determinata componente per un determinato URL. Non fa parte di Angular core ma è in *@angular/router.*

Andremo così ad inserire queste import nel nostro *app.module.ts*:

```
import { RouterModule, Routes } from '@angular/router';
```

L'obiettivo principale del router è di abilitare la navigazione tra le componenti instradabili all'interno di un'applicazione Angular, che richiede al router di eseguire il rendering di un set di componenti e quindi riflettere lo stato di rendering nell'URL.

A tale scopo, il router ha bisogno di qualche modo per associare gli URL con l'insieme appropriato di componenti da caricare. Ciò si ottiene consentendo allo sviluppatore di definire un oggetto di configurazione dello stato del router, che descrive quali componenti visualizzare per un dato URL.

Gli stati del router sono definiti all'interno di un'applicazione importando il *RouterModule* e passando una matrice di oggetti *Route* nel suo metodo *forRoot*.

Ad esempio, una serie di percorsi per una semplice applicazione potrebbe assomigliare a questa:

```
import { RouterModule, Route } from '@angular/router';

const ROUTES: Route[] = [
  { path: 'home', component: HomeComponent },
  { path: 'anagrafiche',
    children: [
      { path: '', component: AnagraficheComponent },
      { path: ':id', component: AnagraficaComponent }
    ]
  },
];

@NgModule({
  imports: [
    RouterModule.forRoot(ROUTES)
  ]
})
```

Questo andrà a creare un albero degli stati con 5 nodi come rappresentato:

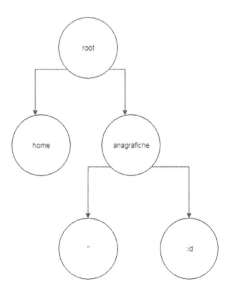

In qualsiasi momento alcuni stati del router possono essere mostrati sullo schermo dell'utente in base all'URL, questo definisce un *active route*. Un *active route* è solo una sottostruttura dell'albero di tutti gli stati del router.

Poiché il servizio router modifica l'URL del browser, che è una risorsa globale condivisa, può essere presente un solo servizio router attivo. Questo è il motivo per cui dovresti usare *forRoot* una sola volta nella tua applicazione, cioè nel modulo root dell'app. I moduli funzione dovrebbero usare *forChild*.

Quando il percorso di una route è attivato, le componenti referenziate all'interno delle proprietà dello stato del router vengono renderizzati utilizzando *router-outlets*, cioè elementi dinamici che visualizzano una componente attivata. Le *router-outlets* possono anche essere annidate l'una nell'altra, formando relazioni del tipo padre-figlio.

Ogni volta che si verifica la navigazione all'interno dell'applicazione, il router utilizza l'URL a cui sta navigando e tenta di farlo corrispondere a un percorso nella struttura dello stato del router.

Ad esempio, l'URL *localhost:4200/anagrafiche/2* dovrebbe instradare e caricare *AnagraficheComponent*.

A questo punto la componente sarà in grado di accedere al parametro 2 e visualizzare l'anagrafica corrispondente. Un valore di percorso che inizia con due punti, ad esempio :id è noto come parametro obbligatorio.

E' importante sapere che la strategia usata è di tipo *first-match-wins* e che un path non definito genererà un errore. Questo vuol dire che verrà selezionato il primo URL che corrisponde a quanto inserito nella matrice, se presente.

Consideriamo un URL del tipo *localhost:4200/url-prova* che non è definito nella nostra matrice, stando a quanto detto in precedenza otterremo un errore, come possiamo gestire ciò?

Il path ** nell'ultimo route è un carattere jolly e ci viene in aiuto. Il router selezionerà questo percorso se l'URL richiesto non corrisponde a nessun percorso per le route definite in precedenza nella configurazione. Ciò è utile per visualizzare una pagina di tipo "404 - Non trovato" o reindirizzarla su un'altra route.

Un *path vuoto*, invece, rappresenta il percorso predefinito per l'applicazione, la componente da attivare quando il percorso nell'URL è vuoto, come in genere è all'inizio. Questa route predefinita reindirizza al percorso per l'*/home* e, pertanto, visualizzerà il file *HomeComponent*.

La proprietà *pathMatch* può assumere due valori: *full* o *prefix* e determina in che modo in cui il router confronterà i segmenti di URL nel *path*.

Il valore *prefix* controlla che il *path* è un prefisso della parte restante dell'URL ed è il valore preimpostato.

Al contrario, invece, il valore *full* controlla che il *path* corrisponde esattamente alla parte restante dell'URL, infatti è principalmente usato per effettuare dei *redirect*.

Di seguito un esempio con questi casi:

```
import { RouterModule, Route } from '@angular/router';

const ROUTES: Route[] = [
    { path: 'home', component: HomeComponent },
    { path: 'anagrafica',
        children: [
            { path: '', component: AnagraficheComponent },
            { path: ':id', component: AnagraficaComponent }
        ]
    },
    { path: '', redirectTo: '/home', pathMatch: 'full' },
    { path: '**', component: PaginaVuotaComponent }
];

@NgModule({
    imports: [
        RouterModule.forRoot(ROUTES)
    ]
})
```

Abbiamo visto come navigare nella nostra applicazione e adesso che abbiamo un prototipo abbastanza funzionante ed interattivo grazie alle componenti e ai servizi, vedremo come interagire con il nostro server per recuperare o salvare i nostri dati, gestire le chiamate asincrone e gli errori.

Nel prossimo capitolo ci occuperemo degli *Observables* che sono indispensabili per gestire i dati delle chiamate asincrone.

Observables

Gli *observables* sostengono il passaggio di messaggi tra *publishers* e *subscribers* all'interno dell'applicazione. I vantaggi offerti rispetto ad altre tecniche (tipo le Promise) per la gestione degli eventi, di molteplici valori, della programmazione asincrona sono significativi e pertanto è consigliabile usare gli *observables* in Angular.

Per iniziare bisogna definire una funzione per pubblicare i valori ma questa funzione non verrà eseguita finché un consumatore non si iscrive all'*observable*. Il consumatore che si è "iscritto" riceverà le notifiche fino al completamento della funzione o sino al loro annullamento.

Gli *observables* hanno due caratteristiche fondamentali: sono *lazy* e possono avere più valori nel tempo.

Un esempio che descrive bene tali oggetti è la newsletter, tutti la conosciamo e sappiamo bene come funziona: per ogni abbonato viene creata una nuova newsletter perciò chi non è abbonato non le riceverà.

Il mittente decide quando inviare il contenuto, tutto ciò che l'abbonato deve fare è aspettare che arrivi nella casella di posta. Proprio come le newsletter gli *observables* sono cancellabili, è possibile annullare l'iscrizione.

Questo sono gli *observables* e se conosci le p*romise* ti sarai accorto delle differenze:

1. Le *promise* restituiscono sempre un solo valore
2. Le *promise* non si possono annullare

Abbiamo quindi identificato due figure per comprendere gli *observables:* chi *produce i dati* e chi *consuma i* dati ma ci sono diversi modi in cui possono interagire.

Il primo modo è tramite il *metodo pull* cioè il consumatore di dati decide quando ottenere i dati dal produttore. Il produttore non è a conoscenza di quando i dati saranno consegnati al consumatore. Ogni funzione javascript utilizza il *metodo pull* infatti è come un produttore di dati e, il codice che chiama la funzione la sta consumando prendendo in input un singolo valore dall'invocazione.

Il secondo modo è il metodo *push* ovvero il contrario del *pull*. Il produttore dei dati decide quando il consumatore li riceverà (vedi la newsletter di prima). Le *promise*, oggi, sono il modo più comune di spingere i dati tramite JavaScript. Una *promise* (il produttore) fornisce un valore alle callback registrate (i consumatori), ma a differenza delle funzioni, è la *promise* che è incaricata di determinare con precisione quando quel valore è mandato alle callback.

Gli *observables* sono un nuovo modo di spingere i dati in JavaScript. Un *observable* è un produttore di più valori, che li "spinge" verso gli abbonati.

Di seguito un semplice HttpClient con un metodo che ritorna un *observable:*

```
import { Observable } from "rxjs/Rx"
import { Injectable } from "@angular/core"
import { Http, Response } from "@angular/http"

@Injectable()
export class HttpClient {

    constructor(public http: Http) {}

    public recuperaUtenti() {
        return this.http.get("/api/utenti").map((res: Response)
=> res.json())
    }
}
```

Probabilmente ci piacerebbe mostrare gli utenti in una sorta di lista, quindi facciamo qualcosa con questo metodo. Poiché questo metodo restituisce un *observable*, dobbiamo sottoscriverlo. In Angular possiamo sottoscrivere un *observable* in due modi:

1. ci iscriviamo ad un *observable* nel nostro modello usando la pipe async. Il vantaggio di questo è che Angular si occupa della sottoscrizione durante il ciclo

di vita di una componente. Angular si iscriverà e si cancellerà automaticamente per te. Non dimenticare di importare il *CommonModule* nel tuo modulo, poiché la pipe asincrona verrà esposta da questo.

Di seguito il nostro codice TypeScript:

```typescript
import { Component } from "@angular/core"
import { Observable } from "rxjs/Rx"

import { HttpClient } from "../services/client"

import { IUtente } from "../services/interfaces"

@Component({
    selector: "lista-utenti",
    templateUrl: "./template.html",
})
export class ListaUtenti {

    public utenti$: Observable<IUtente[]>

    constructor(
        public client: HttpClient,
    ) {}

    // recupero gli utenti all'init della componente
    public ngOnInit() {
        this.utenti$ = this.client.recuperaUtenti()
    }
}
```

Di seguito l'uso della variabile utenti nel template:

```html
<ul class="list" *ngIf="(utenti$ | async).length">
    <li class="utente" *ngFor="let utente of utenti$ |
async">
        {{ utente.nome }} - {{ utente.data_nascita }}
    </li>
</ul>
```

Usare il simbolo del dollaro ($) nel nome di una variabile che è un *observable* è considerata una best practice. In questo modo è facile identificare se la tua variabile è *observable* o meno.

2. ci iscriviamo all'*observable* usando il metodo subscribe() attuale. Questo può essere utile se vuoi fare qualcosa con i dati prima di visualizzarli. Lo svantaggio è che devi gestire tu stesso la sottoscrizione.

Come potrai notare la logica del template è molto simile mentre quella della componente può   diventare molto complessa in questo caso. Ti consiglio, quindi, di usare questo modo solo se   necessario in quanto mantenere aperte le sottoscrizioni mentre non le usi è inefficiente.

Codice della componente:

```
import { Component } from "@angular/core"
import { HttpClient } from "../services/client"
import { IUser } from "../services/interfaces"

@Component({
    selector: "lista-utenti",
    templateUrl:  "./template.html",
})
export class ListaUtenti {

    public utenti: IUtente[]

    constructor( public client: HttpClient ) {}

    public ngOnInit() {
        this.client.recuperaUtenti().subscribe((utenti:
IUtente[]) => {

            // Elaborazioni sulla variabile utenti
            // ....

            // assegno i dati alla proprietà della classe
            // in modo che sia visibile al template
            this.utenti = utenti
        })
    }
}
```

Codice del template:

```html
<ul class="list" *ngIf="utenti.length">
    <li class="utente" *ngFor="let utente of utenti">
        {{ utente.nome }} - {{ utente.data_nascita }}
    </li>
</ul>
```

Adesso proviamo a creare un nostro *observable*, è abbastanza semplice. Gli *observable* vengono creati utilizzando il costruttore *new Observable()*, sottoscritto da un *observer*, eseguito invocando il metodo *next()* ed infine distrutto dal metodo *unsubscribe()*.

```javascript
import { Observable } from "rxjs/Observable"

// creo observable
const mioObservable = new Observable((observer) => {

    // eseguo observable
    observer.next("bla bla bla")
    observer.complete()
})

// sottoscrivo l'observable
mioObservable.subscribe()

// elimino la sottoscrizione
mioObservable.unsubscribe()
```

Gli *observables* sono *lazy* perciò finché non vengono sottoscritti non si attiverà il meccanismo che vedremo. È bene sapere che quando ti iscrivi ad un "osservatore", ogni chiamata al *subscribe()* scatenerà la propria esecuzione indipendente per quel determinato osservatore. Le chiamate di sottoscrizione non vengono condivise tra più abbonati allo stesso *observable*.

Il codice all'interno di un *observable* rappresenta l'esecuzione degli *observables*. Sul parametro che è stato dato durante la creazione ci sono tre funzioni disponibili per inviare i dati agli abbonati:

- *next*: invia qualsiasi valore come *Numbers*, *Array* o oggetti ai suoi abbonati.
- *error*: invia un errore o un'eccezione Javascript

- *complete*: non invia alcun valore.

Le chiamate del *next* sono le più comuni in quanto consegnano effettivamente i dati ai propri abbonati. Durante l'esecuzione dell'*observable* ci possono essere chiamate infinite al metodo *observer.next()* ma, quando viene invocato *observer.error()* o *observer.complete()*, l'esecuzione si interrompe e nessun altro dato sarà consegnato agli abbonati.

Poiché l'esecuzione può continuare per un periodo di tempo infinito, è necessario un modo per impedirne l'esecuzione.

Poiché ogni esecuzione è eseguita per ogni iscritto, è importante non mantenere aperte le iscrizioni per gli abbonati che non necessitano più di dati, poiché ciò significherebbe uno spreco di memoria e potenza di calcolo.

Quando ti iscrivi a un *observable*, si ottiene un "abbonamento", che rappresenta l'esecuzione in corso. Basta chiamare *unsubscribe()* per annullare l'esecuzione.

Per spiegare il funzionamento della sottoscrizione, creiamo un nuovo *observable*. Possiamo utilizzare il costruttore per la creazione di nuove istanze ma in questo caso cogliamo l'occasione per approfondire dei metodi della libreria RxJS che creano semplici *observables*:

- *of(...items)* - Restituisce un'istanza dell'oggetto *Observable* che restituisce gli argomenti sincronicamente.

- *from(iterable)* - Converte il suo argomento ad un'istanza di *Observable* e serve di solito per convertire un array in *observable*.

```
// Creo un observable che manda 3 valori
const mioObservable = of(1, 2, 3);

// Creo un observer
const mioObserver = {
  next: x => console.log('Observer ha il valore: ' + x),
  error: err => console.error('Observer ha un errore: ' + err),
```

```
    complete: () => console.log('Observer ha una completato
l\'esecuzione'),
};

// Eseguo la sottoscrizione
mioObservable.subscribe(mioObserver);

// Logs:
// Observer ha il valore: 1
// Observer ha il valore: 2
// Observer ha il valore: 3
// Observer ha una completato l'esecuzione
```

Nota bene che la funzione *next()* potrebbe ricevere, ad esempio, messaggi di tipo stringa o oggetti, valori numerici o strutture, a seconda del contesto. In termini generali, facciamo riferimento ai dati pubblicati da un *observable* come flusso. Qualsiasi tipo di valore può essere rappresentato con un *observable* e i valori vengono pubblicati come flusso.

Poiché gli *observable* generano valori in modo asincrono, un blocco *try / catch* non rileva gli errori in modo efficace. Per questo motivo, quindi, bisogna gestire gli errori specificando un callback di errore sull' *observable*. Generando un errore l'*observable* ripulisce tutti gli abbonamenti e smette di produrre valori.

Esempio pratico di Observer

Vediamo adesso un tipico caso d'uso degli *observable*: l'algoritmo di *backoff esponenziale*.

Si tratta di una tecnica in cui si riprova un'API dopo aver ottenuto un errore, allungando il tempo tra i tentativi successivi ad ogni errore consecutivo. Viene impostato un numero massimo di tentativi e, una volta raggiunto, la richiesta viene considerata fallita. Implementare questo meccanismo con *promise* e altri metodi di tracciamento delle chiamate tipo AJAX può risultare abbastanza difficile.

Con gli *observables*, è molto facile e potete usare questo esempio anche nella vostra applicazione:

```
import { pipe, range, timer, zip } from 'rxjs';
import { ajax } from 'rxjs/ajax';
import { retryWhen, map, mergeMap } from 'rxjs/operators';

function backoff(maxTries, ms) {
 return pipe(
    retryWhen(attempts => zip(range(1, maxTries), attempts)
      .pipe(
        map(([i]) => i * i),
        mergeMap(i => timer(i * ms))
      )
    )
 );
}

ajax('/api/endpoint')
  .pipe(backoff(3, 250))
  .subscribe(data => handleData(data));

function handleData(data) {
 // ...
}
```

Differenze con le promise

Gli *observables* sono spesso paragonati alle *promise*. Ecco alcune differenze chiave:

- Gli *observables* sono dichiarativi; l'esecuzione non inizia fino alla sottoscrizione. Le *promise* vengono eseguite immediatamente alla creazione. Gli *observables,* perciò, diventano utili per definire le formule da eseguire ogni volta che è necessario il risultato.

observables:

```
// dichiarazione
new Observable((observer) => { subscriber_fn });
// inizio dell'esecuzione
observable.subscribe(() => {
    // observer notifica il risultato
});
```

promise:

```
// inizia l'esecuzione
new Promise((resolve, reject) => { executer_fn });
// gestisce il risultato
promise.then((value) => {
    // gestisce il risultato qui
});
```

- Gli *observables* forniscono più valori mentre le promise ne forniscono solo uno. Questo rende gli *observables* utili per ottenere più valori nel tempo.

- Gli *observables* distinguono tra sottoscrizione e concatenamento. Le promise hanno solo la clausola *.then()*. La creazione di formule di trasformazione complesse che possono essere utilizzate da un'altra parte del sistema, senza che il lavoro venga eseguito è la vera forza degli *observables*.

observables:

```
observable.map((v) => v*v);
```

promise:

```
promise.then((v) => 2*v);
```

- La responsabile della gestione degli errori è la funzione *subscribe()*. Le *promise* mandano gli errori alle *promise* figlie. Questo rende gli *observables* utili per una gestione centralizzata e prevedibile degli errori.

observables:
```
obs.subscribe(() => { throw Error('errore'); });
```
promise:
```
promise.then(() => { throw Error('errore'); });
```

Comunicare via HTTP

Nell'era moderna il protocollo HTTP è molto utilizzato da applicazioni che hanno un front-end che comunica con i servizi di back-end. Ricorriamo al servizio Http fornito da Angular per permettere al nostro front-end di scambiare dati tramite API messe a disposizione da un server remoto. Il servizio Http ci permette di mandare delle richieste HTTP al server il quale, una volta elaborate, ci manderà una risposta. Ogni risposta verrà analizzata da Angular in modo che sia fruibile dalla nostra applicazione.

Quando facciamo chiamate a un server esterno, vogliamo che il nostro utente possa continuare ad interagire con la pagina. Non vogliamo che la nostra pagina si blocchi fino a quando la richiesta HTTP non ritorni dal server remoto.

Per ottenere questo effetto, le nostre richieste HTTP sono asincrone che, storicamente, sono più complicate da trattare rispetto a quelle sincrone.

In JavaScript, ci sono generalmente tre approcci per trattare il codice asincrono:

1. Callbacks
2. Promises
3. Observables

In Angular, il metodo preferito per gestire il codice asincrono è tramite l'uso di Observables perciò utilizzeremo questa tecnica per il nostro esempio.

Andiamo ad implementare il nostro sistema integrando dei semplici metodi CRUD per il software della gestione del personale, riprendendo l'esempio precedente.

La prima cosa da fare per utilizzare un *HttpClient* è definirlo nel file *app.module.ts* come segue:

```
import { HttpClientModule } from '@angular/common/http';
.....
imports: [
  BrowserModule,
  HttpClientModule
]
```

Successivamente possiamo iniziare con la creazione del nostro servizio e dei metodi

CRUD:

```
import { Injectable } from '@angular/core';
import { HttpClient } from '@angular/common/http';
import { Anagrafica } from "../model/anagrafica.model";

@Injectable()
export class AnagraficheService {
  constructor(private http: HttpClient) { }
  baseUrl: string = 'http://localhost:8080/anagrafiche';

  getAnagrafiche() {
    return this.http.get<Anagrafica[]>(this.baseUrl);
  }

  getAnagraficaById(id: number) {
    return this.http.get<Anagrafica>(this.baseUrl + '/' + id);
  }

  createAnagrafica(anagrafica: Anagrafica) {
    return this.http.post(this.baseUrl, anagrafica);
  }

  updateAnagrafica(anagrafica: Anagrafica) {
    return this.http.put(this.baseUrl + '/' + anagrafica.id,
  anagrafica);
  }

  deleteAnagrafica(id: number) {
    return this.http.delete(this.baseUrl + '/' + id);
  }
}
```

La nostra componente utilizzerà il servizio e ne gestirà le risposte in questo modo:

```
recuperaAnagrafiche(): void {
    this.loading = true;
    this.anagraficheService.getAnagrafiche().subscribe(
        this.data    = data;
        this.loading = false;
    );
}
```

Nell'esempio abbiamo utilizzato i metodi più comuni dell'*http* quindi adesso che la

nostra applicazione è funzionante e integrata con il back-end dobbiamo soltanto fare il

deploy, come farlo lo vedremo nel prossimo ed ultimo capitolo.

Il deploy in produzione

E' finalmente giunto il momento in cui, dopo tanto lavoro (e dopo tanti test), puoi finalmente portare in ambiente di produzione la tua app Angular su un server remoto.

Durante tutta la fase di sviluppo abbiamo utilizzato il comando *ng serve* per effettuare la build, watch ed eseguire l'esecuzione dell'applicazione dalla memoria locale, usando *webpack-dev-server*.

Quando sei pronto al passaggio in produzione, per costruire l'app e deployarla, devi usare il comando:

ng build

Sia *ng serve* che *ng build* svuotano la cartella di output prima di effettuare la build del progetto, tale cartella, di default, si trova in */dist/nome-progetto*. Puoi comunque modificare questo percorso cambiando il file *angular.json* ed in particolare la proprietà *outputPath*.

Quando ti avvicini alla fine del processo di sviluppo, pubblicare i contenuti della tua cartella di output da un server web locale può darti un'idea migliore di come si comporterà l'applicazione quando verrà distribuita su un server remoto. Avrai bisogno di due terminali per ottenere l'esperienza *live-reload*.

Sul primo terminale dovrai usare la modalità *watch* per compilare l'app nella cartella *dist* ed avere un comportamento simile a *ng serve:*

ng build --watch

Sul secondo terminale, invece, dovrai installare un web server (tipo *lite-server*) e avviarlo puntando alla cartella *dist:*

lite-server --baseDir="dist"

Se invece vuoi effettuare il deploy direttamente sul server remoto, devi creare una build di produzione e copiare il contenuto della directory di output sul web server.

Utilizza il comando seguente per creare la build di produzione:

ng build --prod

Copia tutti i file creati nella cartella *dist/*, adesso non ci resta che configurare il server per reindirizzare le richieste di file mancanti alla pagina *index.html*. Cosa vuol dire questo? Lo spiego immediatamente.

Una applicazione Angular è perfetta per servire semplice HTML statico, non c'è bisogno di un server back-end per comporre le pagine dell'applicazione perchè lo fa Angular lato client.

Un server statico ritorna sempre *index.html* quando riceve una richiesta del tipo *http://www.miosito.com/*, ma rifiuta *http://www.miosito.com/anagrafiche/42* e restituisce un errore di tipo 404 - Not Found a meno che non sia configurato per restituire *index.html*.

Il problema non si presenta quando l'utente naviga verso quell'URL da un client in esecuzione. Il router Angular interpreterà l'URL e instraderà la richiesta verso quella pagina e l'anagrafica richiesta.

Esistono delle casistiche in cui il problema potrebbe presentarsi ad esempio aggiornando il browser mentre si è nella pagina di dettaglio dell'anagrafica, inserendo l'indirizzo nella barra degli indirizzi del browser o cliccando su un collegamento in un'e-mail. Le azioni descritte vengono gestite dal browser, fuori dell'applicazione in esecuzione. La richiesta diretta al server per l'URL richiesto viene effettuata direttamente dal browser, senza passare dal router.

Ogni server ha una configurazione diversa ma in genere, bisogna aggiungere una regola di riscrittura. Per Apache andremo a modificare il file *.htaccess,* per Nginx bisogna usare bisogna usare *try_files,* per IIS server così come per Firebase bisogna aggiungere una regola di riscrittura.

Vediamo, adesso, cosa fa esattamente quel parametro --*prod* così possiamo capire come sono strutturati i file generati. Ecco un dettaglio delle azioni che vengono eseguite:

- Pre-compilazione dei template (conosciuto come AOT)
- Viene abilitata la modalità di produzione che consente di definire delle variabili diverse tra produzione e sviluppo
- Bundling: concatena tutti i file di applicazioni e di libreria in bundle
- Rimuove codice inutilizzato e i moduli senza riferimento
- Uglification: riscrive l'intero codice per utilizzare nomi criptici e brevi
- Minificazione: rimuove commenti, spazi bianchi e token opzionali

In applicazioni molto grandi e con problemi di performance può essere utile caricare solo i moduli necessari all'avvio dell'app, caricandoli in modalità *lazy* cioè su richiesta oppure posticipando il caricamento degli altri moduli e del relativo codice.

Conclusioni

Adesso che hai completato il deploy della tua Web App e hai appreso le basi di Angular puoi continuare a sviluppare con questo framework. Ti consiglio di aggiornare sempre la versione di Angular e, dato che parliamo di un framework in continua evoluzione, ti consiglio le guide ufficiali per effettuare gli upgrade futuri al seguente link: https://update.angular.io/.

Vi ringraziamo per la lettura e ci auguriamo che continuerete a sviluppare mossi dalla passione per questo lavoro e dal fascino dei nuovi framework e ricordate: 'Stay hungry, stay foolish'.